DAS KLEINE
STERNZEICHENBUCH

Jungfrau

24. August – 23. September

SONDERAUSGABE

Text: Peter Ripota (unter Mitarbeit von Y. Kirsch, A. Huber, B. Kleefeld, W. Martin, G. Motitschka), Ursula Fassbender
Titelabbildung: Hartmut Baier
Umschlaggestaltung: Axel Ganguin

ISBN 978-3-8174-6401-2
2011 2012 2013 2014 2015 10 9 8 7 6

Vorwort **5**

Einführung **7**

Grundlagen der Astrologie 8

Warum die Astrologie so beliebt ist 19

Die Jungfrau **21**

Die Jungfrau als Mythos 22

Die Jungfrau und ihr beherrschender Planet 28

„Rotkäppchen und der Wolf“ erzählt von einer Jungfrau 34

Die Jungfrau und ihr Charakter 37

Die Jungfrau im Beruf 48

Die Jungfrau in der Freizeit 55

Die Jungfrau und ihre Gesundheit 57

Die Jungfrau als Kind 62

Die Jungfrau in der Liebe 68

Berühmte Persönlichkeiten 105

Das Chinesische Horoskop **111**

Der chinesische Mondkalender 112

Die Bedeutung von Yin und Yang 114

Die fünf Elemente 116

Der Weggefährte 120

Die Ermittlung Ihres chinesischen Tierkreiszeichens 122

Die zwölf chinesischen Tierkreiszeichen 125
Ratte 125
Büffel 129
Tiger 132
Katze 136
Drache 139
Schlange 142
Pferd 145
Ziege 147
Affe 150
Hahn 152
Hund 155
Schwein 157

Fast alle Menschen kennen ihr Sonnenzeichen – das, was man gewöhnlich als „Sternzeichen" bezeichnet. Und mindestens die Hälfte kennt auch ihren Aszendenten. Viele lesen die astrologischen Wochenprognosen in den Illustrierten, und die Astrologen haben Zulauf wie im Mittelalter.

Was ist dran an der Astrologie? Enthält sie uraltes Wissen, vielleicht sogar von übermenschlichen Besuchern aus dem Kosmos? Oder ist sie Scharlatanerie, Geschäft mit der Gutgläubigkeit (und Vergesslichkeit) der Menschen?
Immerhin beschäftigen sich mehr ernsthafte Gelehrte und Praktiker mit ihr, wenn auch meist heimlich: Ärzte, Heilpraktiker, Psychologen, Berater. Wendet man ihre Erkenntnisse an, kommt man zu praktischen, verwertbaren Lebenshilfen. Man muss nur wissen, worüber die Sterne wirklich Auskunft geben können und worüber nicht.

Die Sterne können Auskunft geben über:
- angeborene Talente, Begabungen und besondere Fähigkeiten,
- angeborene körperliche Schwächen,
- Zeiten, in denen es günstig ist, etwas Bestimmtes zu tun,
- Zeiten, in denen es eher ungünstig ist, gewisse Dinge in Angriff zu nehmen,
- Menschen, mit denen man sich gut versteht und solche, mit denen man eher Probleme hat.

Die Sterne können nichts darüber sagen:
- wie man gerade lebt oder sich fühlt,
- ob eine Verbindung (z.B. Ehe) glücklich ausgeht oder nicht,

- wie jemand aussieht,
- an welchen Krankheiten jemand tatsächlich leidet.

Die Astrologie ist in diesem Sinn Lebenshilfe, dass sie jemandem sagen kann, wo seine Chancen liegen – vorausgesetzt, er fördert die Talente und Anlagen, die ihm unter seinem Stern- bzw. Sonnenzeichen gegeben sind. Auch kann die Astrologie bestimmte Fehler, zu denen man „natürlicherweise“ neigt, von vornherein vermeiden helfen.

Und nicht zuletzt führt die Beschäftigung mit dem eigenen Tierkreiszeichen, das Nachdenken über Aussagen, die die Astrologie hierüber macht, zur kritischen und positiven Auseinandersetzung mit sich selbst: Wie oft hat man das Gefühl, beruflich oder privat am falschen Platz zu sein! Die Astrologie kann solche Gefühle bestätigen oder widerlegen. Doch es dürfte klar sein, dass das Sternzeichen allein keine erschöpfende Auskunft geben kann. Es gibt auf dieser Welt nicht nur zwölf Menschentypen, sondern so viele einzigartige Charaktere wie Menschen. Dennoch ist die Beschäftigung mit dem Sternzeichen sinnvoll. Sie zeigt die Grundtendenzen auf, die den Weg zu einem erfüllten Leben andeuten.

Einführung

Grundlagen der Astrologie

Bei Astrologie denken wir gleich an den Einfluss der Sterne. Tatsächlich wissen wir nicht, wie Astrologie funktioniert, doch jeder kann sich selbst davon überzeugen, dass sie funktioniert. Auch haben nicht die Sterne Einfluss auf uns, sondern die Himmelskörper unseres Sonnensystems: Sonne, Mond und die Planeten.

Das Sonnenzeichen

Am stärksten wirkt die Sonne, der wir unser Dasein verdanken und ohne die keinerlei Leben möglich wäre. Während der scheinbaren jährlichen Wanderung der Sonne am Himmel hält sich dieser Stern etwa einen Monat lang in je einem Tierkreiszeichen auf. Die zwölf Tierkreiszeichen haben die gleichen Namen wie die Sternbilder der Ekliptik, doch sie sind mit ihnen nicht identisch. Während Sternbilder am Himmel fest verankert sind und aufgrund ihrer großen Entfernung keinerlei Einfluss auf den Menschen ausüben können, bilden Tierkreiszeichen – oder kurz Zeichen – eine zeitliche Einteilung des Jahres. Wer im Frühjahr geboren wird, wenn alles vom Winterschlaf erwacht und nach außen drängt, der hat einen ganz anderen Charakter als jemand, dessen Geburt in die Zeit der erlöschenden Herbstsonne fällt. Aus dieser jahreszeitlichen Einteilung ergeben sich die Eigenschaften der zwölf Zeichen.

Die zwölf Zeichen

♈ **Widder** (21. März bis 20. April: Beginn des Frühlings):
Der große Kampf des aufkeimenden Frühlings gegen den unterliegenden Winter beginnt. Es bilden sich die ersten Knospen. Unter Stürmen und Kämpfen, doch mit unerschütterlichem Optimismus wächst neues Leben.

♉ **Stier** (21. April bis 20. Mai: Mitte des Frühlings):
Die Wiesen blühen, die Frühlingsdüfte erfüllen die Luft, das Leben beginnt. Die Zeit ist gekennzeichnet durch die Farbenpracht der Blüten.

♊ **Zwillinge** (21. Mai bis 21. Juni: Unruhe des Frühlings):
Etwas Neues bereitet sich vor, die Jahreszeit neigt sich dem Ende zu. Veränderungen in der Luft bringen Unruhe und Neugier. Die Bäume bilden Bätter und Zweige, Pflanzen und Tiere treten in Kontakt miteinander.

♋ **Krebs** (22. Juni bis 22. Juli: Beginn des Sommers):
Etwas Neues baut sich auf, die heißeste Jahreszeit beginnt. Regen, Feuchtigkeit und die Fülle sommerlichen Lebens erfüllen die Erde. Plötzlich kommt es zu Gewittern, zu Unruhe, zu Entladungen. In Feuchtigkeit und Hitze bildet sich neues Leben.

♌ **Löwe** (23. Juli bis 23. August: Mitte des Sommers):
Die Natur erstrahlt in ihrem höchsten Glanz. Die Sonne hat zwar den Höhepunkt überschritten, bringt aber eine ruhige und überlegene Wärme. Alles blüht hochsommerlich, voller Wärme und Energie. Die Natur hat ihre Reife erreicht.

♍ **Jungfrau** (24. August bis 23. September: Unruhe des Sommers):
Es wird Zeit, die Ernte einzubringen. Dazu braucht man Fleiß, Sinn für Ordnung und Freude an der Arbeit. Früher arbeiteten nur Frauen und Mädchen auf den Feldern, daher wird diese Zeit vom Zeichen der Jungfrau beherrscht.

♎ **Waage** (24. September bis 23. Oktober: Beginn des Herbstes):
Die Ernte ist eingefahren und muss gerecht verteilt werden. Außerdem hat man jetzt mehr Zeit für das Schöne: für Feste und Vergnügungen, für Kunsthandwerk und Geselligkeit. Das Wetter ist immer noch schön, die Herbstfarben regen zu stimmungsvollen Bildern an.

♏ **Skorpion** (24. Oktober bis 22. November: Mitte des Herbstes):
Die trübe Jahreszeit beginnt. Nebel und gefallene Blätter künden von Tod und Verwesung. Die Menschen beginnen, sich in sich selbst zurückzuziehen und auf ein häusliches Leben einzustellen.

♐ **Schütze** (23. November bis 21. Dezember: Unruhe des Herbstes):

Das Schlimmste an herbstlich-düsterer Stimmung ist überwunden. Im Spätherbst kommt nochmals eine gewisse Leichtigkeit vor den Stürmen des Winters, ein kurzer Optimismus, der mithilft, den Winter zu überstehen.

♑ **Steinbock** (22. Dezember bis 20. Januar: Beginn des Winters):

Die Sonne hat ihren tiefsten Stand erreicht, die Erde ist trocken und die Natur karg. Nur die zähen Tiere überleben, diejenigen, die sich einen Vorrat angeschafft haben und sich ans Leben klammern.

♒ **Wassermann** (21. Januar bis 19. Februar: Mitte des Winters):

Die Luft ist glasklar, alle Aktivitäten eingeschränkt. Die Natur verharrt in kälteklirrender Gelassenheit. Tätigkeiten des Geistes werden jetzt begünstigt.

♓ **Fische** (20. Februar bis 20. März: Ende des Winters):

Die Kälte schwindet, der Schnee schmilzt, alles wartet auf das Ende des Winters und auf den stürmischen Beginn des neuen Jahres.

Der Aszendent

Neben der Sonne sind natürlich auch noch andere Faktoren wichtig. So war schon im Altertum bekannt, dass der Punkt, an dem der Ost-Horizont den Tierkreis schneidet, einen entscheidenden Einfluss auf das Leben eines Neugeborenen ausübt, ganz besonders, wenn zu dieser Zeit auch noch ein Planet aufgeht.

Dieser Punkt heißt Aszendent (von lat. „ascendere" = aufgehen). Ihn zu berechnen ist etwas kompliziert und auch nur dann sinnvoll, wenn die Geburtszeit genau bekannt ist. Alle zwei Stunden geht ein neues Zeichen auf, und im Laufe eines Tages dreht sich die Erde auf diese Weise durch den ganzen Tierkreis.

Die vier Elemente

Nach frühester astrologischer Tradition werden die Tierkreiszeichen in Gruppen zusammengefasst. Das Weltensystem der alten, aus dem Orient stammenden Astrologie war geozentrisch. Die Kreisbewegungen der Planeten um die Erde wurden mit den linearen, zeitlich begrenzten Bewegungen der vier klassischen Elemente Feuer, Luft, Wasser und Erde kombiniert.

Die Vier-Elemente-Vorstellung wurde von Ptolemäus mit der Astrologie in Verbindung gesetzt. Er ordnete je drei Tierkreiszeichen den vier Elementen zu. Man spricht hier von Triplizität oder der Verknüpfung von drei Tierkreiszeichen in vier

Gruppen. Aus der Stellung der Planeten in den entsprechenden Tierkreiszeichen ergibt sich die Elementnatur. Wer in einem bestimmten Element geboren ist, hat entweder eine luftige oder feurige Natur und ein entsprechendes Temperament oder Schicksal. Die Menschen, denen die Elemente Feuer, Erde, Luft und Wasser zugeordnet werden, haben außerdem in ihrer Geburtsstunde eine bestimmte Konstellation von Sonne, Mond, Aszendent oder Planeten, die sich auch auf ihr Charakterbild auswirkt.

Nachfolgend werden die einzelnen Elemente und die astrologisch dazugehörigen Tierkreiszeichen aufgeführt:

Das Element **Feuer** (Widder, Löwe und Schütze) ist optimistisch, liebt Bewegung, ist unternehmungslustig und voll von körperlicher Energie. Der Partner verkörpert teilweise einen Mythos, also eine fantastische Gestalt, die über die Realität hinausgeht. Die Bindung in einer Partnerschaft sind gemeinsame Unternehmungen, Sport, Dynamik. Sex ist für Feuerzeichen eine wichtige Angelegenheit, bei der sie ihren Körper transzendieren und eine Art spiritueller, ekstasischer Vereinigung spüren wollen.

Das Element **Erde** (Stier, Jungfrau und Steinbock) ist realistisch und neigt deswegen zu Pessimismus und Melancholie. Es liebt Materie, also Besitz, sinnliche Vergnügungen, Arbeit und Status. Der Partner sollte ständig anwesend sein; moderne Beziehungen mit langer Trennung können Erdzeichen nicht ertragen. Die Bindung in einer Partnerschaft sind Vertrautheit, gemeinsamer Besitz, Familie, Kinder, eine gute Position in der Gesellschaft, gutes Essen und angenehme Sinneseindrücke. Sex ist für Erdzeichen eine tiefe, körperliche Erfahrung, ohne Über- oder Untertöne. Eine romantische Umgebung kann wichtig sein, Gespräche beim Sex sind eher störend.

Das Element **Luft** (Zwillinge, Waage und Wassermann) liebt die Freiheit und redet gern. Es ist kontaktfreudig und muss die Wirklichkeit durch ein geistiges System ordnen. Luftzeichen lieben geistvolle Gespräche und nehmen die Welt leicht. Der Partner kann weit weg sein; Telefongespräche ersetzen dann den körperlichen Kontakt. Die Bindung in einer Partnerschaft sind geistige Auseinandersetzungen, Gespräche und Ideen. Sex ist für Luftzeichen nicht so wichtig. Gespräche, also Verbal-Erotik, können den eigentlichen Akt ersetzen bzw. wichtiger werden als die körperliche Vereinigung.

Das Element **Wasser** (Krebs, Skorpion und Fische) lebt in einer Welt von Vorstellungen, Fantasien und Gefühlen. Manchmal mangelt es ihm an Durchsetzungskraft, dafür ist es von hohem Einfühlungsvermögen geprägt. Der Partner sollte anwesend sein, weniger als Person denn als gefühlvolles, zugewandtes Wesen. Die Bindung in einer Partnerschaft sind gemeinsame Träume und liebevolle Zuwendung. Sex ist für Wasserzeichen Ausdruck einer gefühlsmäßigen Übereinstimmung, niemals Selbstzweck.

Viereckgruppierung der Tierkreiszeichen

Der jährliche Sonnenlauf wird in vier Jahreszeiten eingeteilt. Die Jahreszeichen zeigen sich immer im gleichen Rhythmus. Die Jahreszeit bewegt sich, zeigt sich fest, stabilisiert sich, sie gleicht sich der folgenden Jahreszeit an. Genauso werden die Tierkreiszeichen eingeteilt.

Die **kardinalen** (aktiven) Zeichen (Widder, Krebs, Waage, Steinbock) ergreifen gerne selbst die Initiative und setzen sich konkrete Ziele.

Die **fixen** (beharrlichen) Zeichen (Stier, Löwe, Skorpion, Wassermann) können bei einer Sache bleiben und sind gute Organisatoren. Die **beweglichen** (reaktionsfreudigen) Zeichen (Zwillinge, Jungfrau, Schütze, Fische) sind anpassungsfähig und können rasch auf Veränderungen reagieren.

Männliche und weibliche Zeichen

Die Astrologie unterscheidet zudem auch noch nach männlichen und weiblichen Zeichen. Dies steht in gewisser Analogie zum Prinzip „Yin“ und „Yang“, von dem später noch im Kapitel zur Chinesischen Astrologie die Rede sein wird. Dieses älteste Gegensatzpaar hat somit auch in der Astrologie seinen Platz gefunden. Die Einteilung soll auf typisch männliche oder typisch weibliche Merkmale hinweisen.

Zu den **männlichen** Zeichen gehören die Feuer- und Luftzeichen, also Widder, Zwillinge, Löwe,

Waage, Schütze, Wassermann. Vertreter dieser Zeichen sollen zielstrebig und tatkräftig sein. Sie ergreifen gern die Initiative.

Zu den **weiblichen** Zeichen gehören die Erd- und Wasserzeichen, also Stier, Krebs, Jungfrau, Skorpion, Steinbock, Fische. Die Vertreter dieser Zeichen sind eher passiv und zeichnen sich durch ihr zögerliches Handeln aus. Sie sollen sehr friedliebende Menschen sein.

Außerdem werden die Zeichen noch von Planeten beherrscht, die teilweise ebenfalls als männlich oder weiblich bezeichnet werden. So ist eine Waage-Frau vom biologischen Geschlecht her weiblich, dem Zeichen nach männlich, doch der beherrschende Planet Venus ist wiederum weiblich.

Zusammenfassung:

Fasst man die vorher genannten Eigenschaften und Zuordnung für die einzelnen Tierkreiszeichen zusammen, so ergibt sich folgende Aufstellung:

Widder: Feuer, beweglich, männlich

Stier: Erde, fest, weiblich

Zwillinge: Luft, angleichend, männlich

Krebs: Wasser, beweglich, weiblich

Löwe: Feuer, fest, männlich

Jungfrau: Erde, angleichend, weiblich

Waage: Luft, beweglich, männlich

Skorpion: Wasser, fest, weiblich

Schütze: Feuer, angleichend, männlich

Steinbock: Erde, beweglich, weiblich

Wassermann: Luft, fest, männlich

Fische: Wasser, angleichend, weiblich.

Berücksichtigt man alle Faktoren, die zur Zeit der Geburt einen Einfluss ausüben können – Planeten, Häuser, Achsen, bestimmte Punkte – dann erhält man eine bildliche Darstellung, die man Horoskop nennt. Ein Horoskop kann Auskunft geben über die natürlichen Anlagen, Fähigkeiten und Talente eines Menschen; es kann jedoch nichts darüber sagen, was diese Person daraus macht. Die Symbole eines Horoskops sind wie die Gene eines Menschen: Sie beeinflussen ihn, aber welches Gen wofür zuständig ist, ist nicht leicht zu sagen. Der Mensch wird auch nicht nur durch seine Gene geformt, sondern auch durch Erziehung, Umwelt, Karma – und den eigenen Willen. In diesem Sinn ist Astrologie keine Zukunftsdeutung eines vorgezeichneten Schicksals, sondern der Hinweis auf das Potential eines Menschen und ein Appell an das Verantwortungsgefühl eines jeden, mit den eigenen Ressourcen vernünftig umzugehen und sie zum Wohle der Menschheit einzusetzen.

Warum die Astrologie so beliebt ist

Nur im Abendland gibt es eine derart scharfe Abgrenzung zwischen der Wissenschaft, die uns die Welt erklärt, und der Religion, die uns das Leben erklärt. Die Wissenschaft zeigt, wie die Dinge funktionieren, aber sie sagt uns nichts darüber, warum das so ist und welchen Sinn unser Leben hat. Die Religion erklärt nichts, kann aber dem Leben des Einzelnen Sinn und Inhalt verleihen. Eine Berührung zwischen beiden scheint es nicht zu geben. Doch gerade da kommt die Astrologie ins Spiel. Von der Wissenschaft hat sie die Exaktheit der Berechnungen, die Komplexität der Formeln und die Ableitbarkeit komplexer Sachverhalte aus ihren Symbolen. Von der Religion hat sie die Fähigkeit, dem Einzelnen sein Leben in größerem Maßstab, sozusagen unter dem Aspekt der Ewigkeit, zu zeigen. Selbst Kritiker der Astrologie müssen zugeben, dass diese unser Leben in einer Form bereichert, wie es die rationalen Wissenschaften niemals können. Die Astrologie stillt die Sehnsucht des Menschen nach etwas Mythischem, Spirituellem, über den Alltag Hinausgehendem. Und darum brauchen wir sie.

♍ VIRGO.

Die Jungfrau

Die Jungfrau als Mythos

Die Jungfrau ist der Mythos der Vernunft. Diese Begriffszusammenstellung mag manchen widersinnig erscheinen. Doch Mythisches ist ja nichts Unvernünftiges, und Vernunft wieder ist keineswegs das alleinige und ausschließliche Lebensprinzip. Unter dem Zeichen der Jungfrau allerdings wird dieses Prinzip mit allen seinen Konsequenzen und Auffächerungen weitgehend lebensbestimmend.

Wenn die Sonne in das Zeichen der Jungfrau eintritt, hat der Sommer bereits seinen Höhepunkt überschritten, die Erntezeit ist gekommen. Für den Landwirt ist dies die arbeitsreichste Zeit des Jahres. Doch auch für den Städter ist es eine Zeit vermehrter Betriebsamkeit. Für die Schulkinder sind die großen Ferien vorbei, und Büros und Fabriken sind wieder vollbesetzt. Es ist eine Zeit vielfältiger Sorgen und rastloser Tätigkeit.

Spica, die Kornähre, ist der Hauptstern des Sternbildes der Jungfrau. Der Tag, an dem dieser leuchtende Stern zum ersten Mal wieder am Morgenhimmel aufging, wurde im antiken Griechenland als Fest der Demeter gefeiert. Sie ist die Göttin der Ernte. Und die Sage um diese Göttin enthüllt viel vom Wesen des Jungfrau-Prinzips.

Persephone, die Tochter der Demeter, hatte sich entschlossen, Jungfrau zu bleiben. Blumen pflückend, als Bild der Unschuld, wird sie von Hades, dem finsteren Gott der Unterwelt, angetroffen. Er raubt sie und entführt sie zu sich in die Unterwelt. Nun beginnt für ihre Mutter ein langer Irrweg auf der Suche nach ihrer Tochter. Währenddessen verdorrt die Ernte und die Erde wird unfruchtbar. Vom Sonnengott Helios beauftragt, macht sich schließlich der Götterbote Hermes auf den Weg, die gefangene Persephone zurückzuholen. Doch diese hat in der Zwischenzeit von Hades einen zauberkräftigen Granatapfel zu essen bekommen, der sie an das Reich der Unterwelt bindet. Sie fühlt sich gleichermaßen ihrem finsteren, räuberischen Gatten wie ihrer Mutter Demeter verbunden. Der Konflikt wird nun nicht durch Gewalt oder Hinterlist entschieden, sondern vernünftig und realistisch: Persephone soll, den Notwendigkeiten des Ackerbaus Rechnung tragend, während der unfruchtbaren Zeit bei Hades in der Unterwelt weilen, während der Zeit des Wachstums aber sich bei ihrer Mutter im Olymp aufhalten. Sie ist zunächst mit dieser Lösung nicht einverstanden. Doch die Zeit der Suche und der Prüfungen hat in ihr doch eine Erkenntnis reifen lassen, die sie schließlich dazu veranlasst, dieser sachlichen Lösung zuzustimmen. Sie wird mit der Fröhlichkeit und Sinnlichkeit der Landbevölkerung konfrontiert. Manche recht derbe Äußerungen der Sinnenlust empfindet sie zunächst als unschicklich und fühlt sich in ihrem Schamgefühl verletzt. Zuletzt aber befreit sie sich von ihren quälenden Vorstellungen in einem erlösenden Lachen. So erkennt sie auch die Notwendigkeit, dass Menschen die Fruchtbarkeit brauchen, und dass diese sogar die Jungfernschaft ihrer Tochter zu opfern ist. Dunkles und Lichtes hat beides teil an dem Geheimnis des natürlichen Wachstums der Ackerbauer muss sich diesen Gegebenheiten anpassen. Um der Fruchtbarkeit willen muss auch Hades Tribut gezollt werden. Die ängstliche Sorge um die Unschuld der Tochter muss der Sorge um die Erhaltung der materiellen Grundlagen des Menschengeschlechtes weichen.

Das Thema der jungfräulichen Geburt findet man in vielen Mythen und Religionen wieder. Die Jungfrau ist das Symbol der Reinheit und Unberührtheit. Nur das Göttliche darf zeugend eingreifen, damit Götter auf Erden geboren werden. Auf der Jungfrau lastet Sorge um die Erhaltung ihrer Unberührtheit, aber auch die Verantwortung für die irdische, materielle Realisation eines Heilauftrages.

Der Zustand der Jungfräulichkeit ist seinem natürlichen Wesen nach eine Phase des Übergangs zwischen dem Kind und der empfangenden und gebärenden Frau. Das Zeichen der Jungfrau ist ein labiles, veränderliches, bewegliches. Der Zustand der Jungfräulichkeit ist ebenso labil und schwankt zwischen ungezügelten Leidenschaften, Sittsamkeit, Vernunft und Emotionalität.

Die Jungfernschaft wird meist als kostbar angesehen, weil sie schwer zu erhalten ist. Ihre Reinheit und Unschuld haben Heilkräfte. Dies ist die zweite Bedeutung dieses Zeichens. Das Jungfrau-Prinzip sorgt sich nicht nur um den Erhalt von Ordnung und Reinheit, sondern auch um den der Gesundheit. Diese ist wieder nur durch eine vernünftige Lebensweise zu erlangen. Und Gesundheitspflege bedeutet schließlich dienende Hilfe am Nächsten.

Alle diese Prinzipien: Ordnung, Reinheit, Gesundheit, Arbeit, Fürsorge, materielle Notwendigkeit werden durch das Zentralprinzip der Vernunft gesteuert und zusammengehalten. Da die Jungfrau auch ein Erdzeichen ist, liegt die Betonung bei allen ihren Aufgaben stets auf der sachlichen Zweckmäßigkeit und der praktischen Anwendbarkeit.

In die Vielfalt der Erscheinungsformen bringt das Jungfrau-Prinzip die sachliche Ordnung, unbeeinflusst von Begierden und Leidenschaften. Auch die Krankheit gilt für sie als eine gestörte Ordnung.

Das Jungfrau-Prinzip mäßigt alles, was sich zu sehr in den Vordergrund drängt, es stutzt alles zurecht, was „ins Kraut schießt". So erweist sich dieses Prinzip aber auch nur als Teil eines übergeordneten Ganzen.

Wird es zum Selbstzweck, so wird es zur Manie, zur Zwanghaftigkeit, zur Psychose. Wer ständig Ordnung machen und Reinheit erhalten will, wo nichts zu ordnen und zu reinigen ist, führt sich selbst ad absurdum. Dies sind die Gefahren des Jungfrau-Prinzips.

Das Reine und Unberührte ist aber auch ein begehrtes Objekt für die Triebhaftigkeit. Es läuft ständig Gefahr, von dieser vereinnahmt zu werden und ihr dann nichts mehr entgegensetzen zu können. Daher werden vom Jungfrau-Prinzip oft dunkle Kräfte absorbiert, die dann abstrakt und sachlich, unberührt von Gefühlen, und dadurch umso schärfer und rücksichtsloser ins Werk gesetzt werden.

Der neuzeitliche Mythos stellt sich weitgehend als typischer Jungfrau-Mythos dar: Zweifel verdrängt den Glauben, Wissenschaft die Religion, das Profane das Sakrale. Der Mensch der Neuzeit entdeckte die mathematischen Gesetzmäßigkeiten in der Natur, er brachte in seinen wissenschaftlichen Systemen Ordnung in die Vielfalt der Erscheinungsformen des Lebens, er erhob das ökonomische Nützlichkeitsprinzip schließlich zur alles bestimmenden Maxime seiner gesellschaftlichen Wertvorstellungen. Die Krise dieses Prinzips machen wir heute durch.

Die Jungfrau und ihr beherrschender Planet

Der Planet, der das Prinzip der Jungfrau am deutlichsten verkörpert, ist Merkur, der sonnennächste Himmelskörper.

Dieser Trabant kreist so nahe um das Zentralgestirn, dass er nur etwa 88 Tage braucht, um es zu umrunden. Während die anderen Planeten mehr oder weniger gemächlich ihre Bahn ziehen, wieselt Merkur geradezu um die Sonne herum. Dieser Planet kommt, natürlich von der Erde aus betrachtet, relativ rasch hinter der Sonne hervor, ist, wenn überhaupt, nur wenige Tage am Abendhimmel zu sehen und schießt dann geradezu vor der Sonne vorbei, wobei er scheinbar rückläufig wird. Bald wiederholt sich dieses Phänomen in umgekehrter Reihenfolge am Morgenhimmel.

Damit hängt die Schwierigkeit zusammen, diesen Sonnenboten überhaupt zu Gesicht zu bekommen. In unseren Breiten ist dies mit freiem Auge schon recht schwierig. Merkur verschwindet entweder oft im Abend- oder Morgendunst, oder seine Bahn schließt gerade einen so ungünstigen Winkel mit der Sonnenbahn ein, dass er in den Strahlen der Sonne verschwindet. Sofern man diesen Planeten beobachten kann, erscheint er als silbrig glänzender Stern, der weitaus heller wirken würde, erschiene er auch am finsteren Nachthimmel.

Das ihm zugeordnete Metall ist das Quecksilber, und so wirkt er ja auch auf uns: schnell und unregelmäßig, rasch sich verflüchtigend und silbrig glänzend – eben quecksilbrig.

Es ist klar, dass der Planet Merkur dadurch auch dem Zwillingszeichen sehr gut entspricht. Astrologisch drückt sich dies darin aus, dass er als Herr über beide Zeichen, Zwillinge und Jungfrau, eingesetzt ist.

Als Prinzip der Vermittlung und Kommunikation entspricht Merkur dem rationalen, vernunftbetonten Charakter der Jungfrau mindestens ebenso gut wie dem der Zwillinge.

Als Gott ist Merkur, der griechische Hermes, mit der Aufgabe betraut, den Menschen den Götterwillen zu übermitteln als auch der Herr über ihre wirtschaftlichen Tätigkeiten zu sein. Als Gott des Handels und der praktischen Geschäfte ist er der typische Merkur der Jungfrau.

Schon am ersten Tage seiner Existenz – er entwickelte sich, wie die Phasen des Planeten, sehr schnell – stiehlt er die Rinderherde seines Halbbruders Apoll. Mit Schlauheit und Überredungskunst verteidigt er diesen Diebstahl, sodass ihm zum Schluss keiner der Götter zürnen kann.

Da Merkur sich eine Leier geschnitzt hat, auf der er vollendet zu spielen weiß, bringt er den Halbbruder schließlich dahin, dass er ihm die ganze Rinderherde im Tausch gegen die Leier überlässt. Nun fertigt Merkur auch eine Flöte an, die natürlich ebenfalls das Interesse Apolls erweckt. Und abermals macht er ein gutes Geschäft: Er tauscht die Flöte gegen die Gabe der Weissagung und den goldenen Stab des Apoll, den dieser als Gott der Hirten und der Viehzucht besaß.

Wir sehen also, dass Merkur die Gesetze von Angebot und Nachfrage kennt und vorteilhaft zu nutzen versteht.

Die musikalischen Fähigkeiten dieses Gottes finden ihre Entsprechung darin, dass dem Jungfrau-Zeichen wie dem der Zwillinge ein eminentes musikalisches Talent innewohnt. Der Diebstahl und die List heften sich stets an die Sphäre des Eigentums und der Wirtschaft, und so ist Merkur eben auch der Gott der Diebe, Betrüger und Wegelagerer.

Ebenso ist Hermes-Merkur ein Gott der manuellen Geschicklichkeit und der Weitergabe von Fähigkeiten. Die Jungfrau zeichnet sich durch handwerkliche Begabung, Geschicklichkeit im Detail und sachkundige Manipulationsgabe aus. Sie ist dazu das Zeichen der Pädagogik schlechthin. Dank der Gaben Merkurs liegt es ihr, Erkenntnisse und Fähigkeiten weiterzugeben, theoretische und praktische Erkenntnisse zu vermitteln und jedem Lernwilligen zuteil werden zu lassen.

Merkur ist ein Gott der Jugend. Auch die Pädagogik hat es in erster Linie mit jungen Menschen zu tun. So pflegt auch die Jungfrau gerne den belehrenden Kontakt mit jungen Leuten.

Merkurisch ist die Zersplitterung, die Nervosität, die Rastlosigkeit. Auch diese sind typische Jungfrau-Eigenschaften. Überall und immer muss man unter diesem Prinzip tätig sein. „Wer rastet, der rostet“ ist ein Sprichwort, das ganz dem Gebiet des Jungfrau-Merkurs entspricht.

In diesem Zusammenhang ist eine weitere Analogie Merkurs erwähnenswert. Die so genannten Sieben Todsünden sind genaue Entsprechungen der Prinzipien der sieben klassischen Planeten. Sie erweisen sich somit als Transformationen von lebenserhaltenden Prinzipien in die Sündenlehre des Christentums, das ja im irdischen Dasein einen Ausdruck des Gefallenseins sieht.

Venus, das Liebesprinzip, wird zur Wollust; Mars, das Energieprinzip, zum Zorn; der gefühlshafte Mond verleitet zur Trägheit, die selbstbewusste Sonne zur Hoffart; der eingrenzende Saturn steht zum Geiz, der großzügige Jupiter zur Unmäßigkeit in jeder Beziehung. Merkur ist nun in negativer Hinsicht der Neid zugeordnet. In der Tat: Dieser ist die Triebfeder des Diebstahls.

Der Jungfrau-Merkur weiß viele Situationen wirtschaftlich auszunützen: Hermes war dem Apoll seine fetten Rinder, seine Begabungen und seinen goldenen Stab neidig, deshalb stahl er die Herde und nützte schlau den Neid des Apoll auf seine Musikinstrumente aus.

Die Sachbezogenheit des Merkur drückt sich darin aus, dass sein Prinzip keinem Geschlecht zugeordnet ist. Er vermittelt zwischen Männlichem und Weiblichem, hat Teil an beidem, doch nur vorübergehend, im Grunde ist er das Prinzip reiner Neutralität. So ist auch das Jungfrau-Prinzip der Vernunft und der Objektivität verpflichtet.

Sachlichkeit ist eine wichtige Voraussetzung für die Kunst der Beschreibung. Der Pädagoge, der Lehrende, muss solche Fähigkeiten besitzen. Doch auch der Schriftsteller braucht die Gabe, den logischen Ablauf einer Handlung zu kontrollieren, sich in die verschiedensten Persönlichkeiten und Motivationen einzufühlen und subjektiven Erlebnissen objektiven Ausdruck zu verleihen. Dichter und Schriftsteller stehen ganz allgemein unter einem jungfrauhaften Einfluss.

Die Funktion dieses Planeten als Mittler wird in der Zuordnung zum Mittwoch deutlich. Er ist der Tag, der am weitesten vom „Wochenende“ entfernt ist, der Arbeitsrhythmus ist auf dem Höhepunkt angelangt. Er war bei den Germanen dem Wotan geweiht (engl. wednesday), der nicht nur der Göttervater, sondern auch der Gott der Schrift, der Bringer der Runen ist. Ebenso liegt das Ende des Jungfrauzeichens in der Mitte des Tierkreises. Nach seiner Durchschreitung ist man gleich weit von Anfang und Ende entfernt.

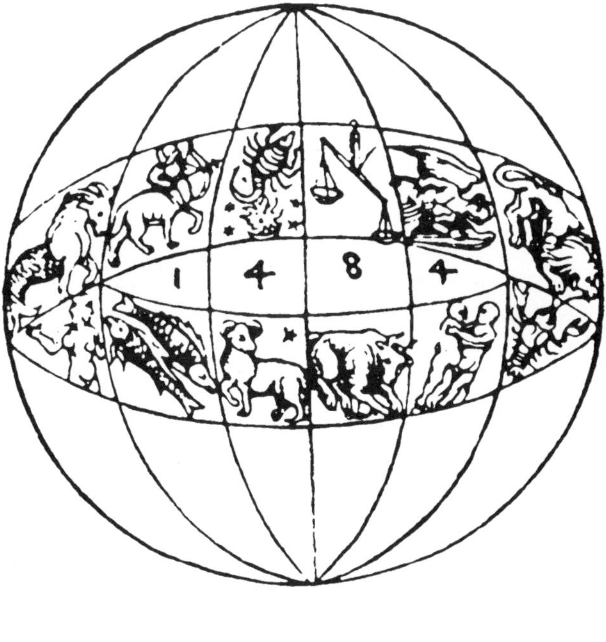
1 4 8 4

„Rotkäppchen und der Wolf“ erzählt von einer Jungfrau

Es war einmal ein kleines Mädchen, das nannte man „Rotkäppchen“, weil es die meiste Zeit ein rotes Käppchen aufhatte. Eines Tages besuchte dieses Mädchen seine alte Großmutter auf dem Land.

Die Großmutter war aber keine gewöhnliche Großmutter, die versuchte, mit ihrer spärlichen Rente über die Runde zu kommen, sondern eine pensionierte Heilmasseuse, die sich ein gutes Nebenbrot mit der Reparatur defekter Flipper-Automaten verdiente. Außerdem hatte sie sich rund um ihr bescheidenes Haus einen Biogarten angelegt, den sie eifrig bebaute. So bekannt war sie, dass sie sogar Wochenend-Kurse über biologischen Landbau machte. Großmutter verachtete alle Leute, die ihren Garten verwildern ließen und sich dem Müßiggang hingaben. Dazu war der Mensch nicht geschaffen! Außerdem konnte man mit dem bisschen Boden auch ganz gut verdienen. Einige Naturkostläden nahmen ihr gern Radieschen, Tomaten und Auberginen ab und boten ihren selbst gebackenen Grünkern-Kuchen als besondere Delikatesse an.

Gerade war Großmutter mit dem Aufräumen ihrer Küche fertig geworden, als es an der Haustür klingelte. Sie öffnete, und draußen stand ein gut gekleideter Herr, der sich als Vertreter für Haushalts-Getreidemühlen vorstellte und der Großmutter einige Musterexemplare vorführen wollte.

Doch Großmutter, die viel Wert auf Ordnung legte und auch nicht auf den Kopf gefallen war, bat den jungen Mann zuerst, sich die Schuhe auszuziehen, und verlangte dann dessen Ausweis und die Preisliste seiner Gerätschaften.

Der Vertreter war, das müsst ihr wissen, das, was man in der Geschäftswelt einen „Wolf“ nennt. Das sind äußerst skrupellose Leute, die in ihren Methoden vor nichts zurückschrecken. Doch dieser Wolf hatte seine Kundin gewaltig unterschätzt.

Oma durchschaute ihn sofort, wusste, was seine Geräte beim Demeter-Großversand kosten und brachte ihn mit ihrem Wissen und ihrem nüchternen Schätzvermögen so weit, dass er wütend, aber kleinlaut, unverrichteter Dinge wieder abzog.

Wie? Märchen? Wieso Märchen?
So etwa könnte eine Jungfrau das bekannte Märchen erzählen. Jedenfalls finden wir einige typische Merkmale. Großmutter genießt nicht etwa ihre wohlverdiente Ruhe, sondern arbeitet auch im Alter. Aber sie macht Nützliches – Dinge, mit denen man Geld verdienen kann.

Dabei schälen sich mehrere Interessengruppen heraus: Oma macht alles, was mit Natur, Gesundheit und Heilen zu tun hat. Doch sie bleibt nicht bei den Geschäften, sie unterrichtet auch. Denn Jungfrau ist auch ein Zeichen des Lehrens. Schließlich beschäftigt sie sich erstaunlicherweise auch noch mit der Technik. Das kommt von ihrem Verständnis für das Kleine, für Details, für Sauberkeit und Ordnung. Was man auch daraus ersieht, wie sie die Küche aufräumt.

Erst als Letztes sieht man ihren Geschäftssinn und wie ausgesprochen gut sie über den Wert der Dinge informiert ist.

Auf den folgenden Seiten erfahren Sie noch mehr über dieses Zeichen!

Die Jungfrau und ihr Charakter

Wessen Geburtssonne im Zeichen der Jungfrau stand, fühlt stärker als andere, dass wir in einer Welt der materiellen Notwendigkeiten und Zwänge leben. Wenn das Wort „Sachzwang“ heute so gerne verwendet wird, so mag es sich bei diesem oder jenem vielleicht um eine Ausrede handeln, für die Jungfrau aber ist dieser Sachzwang eine reale und ehrliche Tatsache.

In dieser Welt, die man sich nicht ausgesucht hat, muss man zurechtkommen, so gut es geht. Da mögen andere nun von großen Taten träumen, von hohen Zielen und Idealen sprechen, in ihre Gefühlswelt eingesponnen leben – die Jungfrau sieht, mit leicht ironischem Scharfblick, dass es vor allem darauf ankommt, ein Auskommen zu haben und einen festen Boden unter den Füßen. Also ist sie bereit, sowohl harte Arbeit zu verrichten als auch jede sich bietende Chance zu ergreifen, um Ordnung und eine solide Grundlage für ihr Leben zu erlangen.

Der Grundzug ihres Wesens drückt sich nach außen hin bisweilen in einer zurückhaltenden Kühle, in manchen Fällen aber auch in einer gewissen nervösen Unrast aus. Diese Unrast ist nicht eigentlich extrovertiert, es wirkt vielmehr, als wären diese Menschen ständig auf der Suche nach etwas. Es ist die Suche nach Ordnung und Präzision, die Sorge, ob man nicht etwas vergessen haben könnte, die stets wache Bereitschaft, wo es nötig sei, Hand anzulegen oder eine günstige Gelegenheit nicht ungenutzt vorbeigehen zu lassen.

Der Jungfrau-Mensch ergreift gerne die verschiedensten Hilfsmittel, die ihm Zivilisation und Technik bieten, um mit den Anforderungen des praktischen Daseins zurechtzukommen. Er weist die Hilfe der Mitmenschen nicht zurück, wenn er sie brauchen kann. Kein Stolz kann ihn davon abhalten, auch fallweise vielleicht schwach zu erscheinen und sich unterzuordnen. Denn er weiß nur zu gut, dass auch die anderen seine Hilfe benötigen können.

Dieser Einstellung mangelt es nicht an Berechnung, sie ist indes hervorragend den gesellschaftlichen Notwendigkeiten angepasst.

In negativen Fällen kann sie dazu führen, dass dieser Mensch dann gar nichts mehr umsonst macht, dass er mit der einen Hand seine Hilfe anbietet und die andere schon für das Honorar aufhält. Selbst die Welt der Gefühle wird dann von diesem ökonomischen Blickwinkel aus betrachtet. Dieser extreme Jungfrau-Typ weiß dann stets Sympathie nach ihrem materiellen Gegenwert einzuschätzen, und Liebe ist für ihn ein Tauschgeschäft.

Doch auch der weniger materialistische Typ weiß doch meist das Nützliche mit dem Angenehmen zu verbinden. Er stellt zwar in seinem Inneren keine Rechnung an, doch instinktiv geht er dem reinen Gefühlsabenteuer genauso aus dem Weg wie unrealistischen Luftprojekten im Bereich von Wirtschaft und Planung.

Die „jungfräuliche“ Zurückhaltung gegenüber allen Leidenschaften, den eigenen wie den fremden entspricht durchaus dem Vernunftprinzip. Die Jungfrau weiß nur zu gut, dass sie vielleicht noch stärker als andere der Gefahr ausgesetzt ist, materiell und moralisch den Halt zu verlieren.

Die starke Waffe des Jungfrau-Menschen aber ist sein Verstand. Mit Schlauheit und Umsicht baut er sich seinen Verteidigungswall gegen Machtgelüste und Begierden seiner Umwelt. Manche Vertreter dieses Zeichens landen statt in der Ordnung im Chaos, in der Zerfahrenheit statt in der Genauigkeit. Dieses Sich-fallen-lassen ist bei Jungfrau-Menschen überaus gefährlich, denn es fehlt ihnen eine starke Regenerationskraft.

All dieses spürt die Jungfrau instinktiv, und deshalb kommt es im Allgemeinen doch recht selten vor, dass sie ganz aus sich herausgeht, sich dem Genuss des Augenblicks fraglos überantwortet.

Diese Menschen sind für die Mühen des Lebens weitaus empfänglicher als für seine Genüsse. Sie nehmen sich meist nicht viel Zeit für Essen, Ruhepausen oder heitere Geselligkeiten.

Die kühle Jungfrau weiß noch besser mit ihren Kräften zu haushalten als die nervöse. Der ruhige Typ wirkt meist recht vital und ausgeglichen, ist es aber zuinnerst doch nicht. Seine äußere Unbewegtheit täuscht über eine sehr rege intellektuelle Beweglichkeit hinweg. Diese Menschen sind genaue Beobachter ihrer Umwelt. Sie registrieren blitzschnell eine Vielfalt realer Sachverhalte und finden sich daher in jeder praktischen Situation rasch zurecht.

Ein bestimmter Jungfrau-Typus ist die reinlichkeitsfixierte Persönlichkeit: Hier treffen wir jenen Ordnungs- und Putzfimmel an, der das Leben mehr zur Qual macht, als dass er es erleichtert. Das Bestreben, den geringsten Schmutz radikal zu beseitigen, zu desinfizieren, überall noch Schmutzspuren zu wittern, äußert sich in diesem Charakter. Eng damit verbunden ist meist auch moralisches Sauberkeitsbestreben. Schmutz und Schund, eine „unsaubere" Lebensweise werden heftig abgelehnt und bekämpft. Wir treffen hier sowohl materielle als auch ideelle Reinlichkeitsapostel an. Die Hausfrau mit dem Putzfimmel einerseits, den „Pornojäger" andererseits.

Eine weitere Ausformung der grundlegenden Jungfrau-Prinzipien ist die Pedanterie. Es sind hier jene Ordnungsfanatiker zu finden, bei denen die Bleistifte sauber ausgerichtet stets am selben Platz zu liegen haben, die keine Abweichung von einem starren Schema dulden und die jeder winzigen Ungenauigkeit und jedem kleinsten Fehler auf der Fährte sind. Der Blick für das große Ganze fehlt bei diesem Typus weitgehend, dafür entdeckt er jeden Fehler im Detail, jede kleinste formale Unkorrektheit.

Man darf bei all diesem aber nicht vergessen, dass es nicht die Eigenschaft an und für sich ist, sondern nur ihre manische Übersteigerung, die das Negative darstellt. Denn Genauigkeit, Reinlichkeit, Detailsinn sind an sich höchst schätzenswerte und brauchbare Eigenschaften. Die Jungfrau ist zu diesen besonders begabt, die negativen Schattenseiten müssen damit nicht zwangsläufig verbunden sein.

Ein weitaus positiverer Typus ist der, dessen Einstellung flexibler ist als die des vorher genannten, der aber von einem ausgeprägten Zweckmäßigkeitsdenken bestimmt ist. Auch er wird vorwiegend unter dem Jungfrau-Zeichen angetroffen.

Er ist nicht unbedingt auf irgendeine Manie fixiert, doch betrachtet er alles aus dem Blickwinkel der realen Anwendbarkeit und des praktischen Gebrauchs.

Von diesen Menschen bekommt man zum Beispiel Geschenke, die nicht „mit dem Herz“, sondern mit Vernunft ausgewählt sind. Praktische Gegenstände des alltäglichen Gebrauches also und sicher keinen „unnützen Schnickschnack“. Alles, was man denkt und unternimmt wird auf seinen Gebrauchswert eingeschätzt.

Es gibt unter diesem Zeichen auch den Typus des Prüfers. Die Neigung, alles genau und kritisch zu prüfen, manifestiert sich aber auch bei jenen Menschen, die nichts kaufen, ohne vorher genaue Recherchen über die verschiedenen Preise angestellt zu haben. Sie vergleichen in dutzenden Geschäften, was die Ware da und dort kostet, um gewiss keinen Nachteil zu erleiden. Dasselbe gilt für ihre zwischenmenschlichen Beziehungen. "Prüfe, wer sich ewig bindet", diesen weisen Rat befolgen diese Menschen bereitwillig.

Die Jungfrau besitzt die Fähigkeit, sich die Konsequenzen einer Handlung nüchtern auszumalen. So sehr kann sie gar nicht von einer Augenblicksstimmung oder von einer plötzlichen Begeisterung übermannt werden, dass sie nicht imstande wäre, zu kalkulieren, wie sich die Angelegenheit weiter entwickeln könnte. Das Vernunftprinzip dominiert bei diesen Menschen so sehr, dass sie kaum Illusionen zum Opfer fallen. Sie werden nichts unternehmen, was ihrer Meinung nach im Laufe der Zeit mehr Schaden als Nutzen bringen könnte.

Da diese Möglichkeit gerade bei vernünftiger Überlegung aber im Prinzip immer besteht, schrecken diese Menschen vor weit tragenden Entscheidungen oft zurück. Sie halten sich lieber an das Absehbare und Unverbindliche. Wer nicht nach den Sternen greift, keine Luftschlösser baut, über den Wolken schwebt, kann auch nicht aus allen Himmeln fallen. Der Lebenslauf dieser Menschen ist ein stetiger, maßvoller Aufstieg und nicht jenes berühmte Pendeln zwischen Höhen und Tiefen.

Pathetische Beschwörungen, tragische Szenen, Begeisterungstaumel sind für die Jungfrau bestenfalls Gegenstand distanzierter Belustigung.

Die Kritik ist eine weitere Jungfrau-Domäne. Im negativen Ausnahmefall begegnen wir jenen Naturen, die ständig auf der Suche nach Schwächen und Fehlern sind.

Im positiven Fall aber wird dieser Hang zur Kritik sprühend-geistvolle Skeptiker hervorbringen, die

Allzumenschliches zwar gnadenlos durchschauen, dennoch aber auch verzeihen können. Oft liegt ständig eine milde Ironie in ihrer Betrachtungsweise, doch gerade deshalb können sie auch tolerant und verstehend sein.

Sinnenrausch und Extase sind der Jungfrau ebenfalls suspekt. Manche neigen im Hinblick auf ihre eigenen Triebwünsche zur Versachlichung. Sexualität wird ihnen zum Konsumgegenstand. Ohne besondere innere Anteilnahme wird den Forderungen der Körperlichkeit Rechnung getragen. Manche verschließen sich in ängstlicher Prüderie. In den meisten Fällen aber tritt auch hier jene vernünftige Mäßigung ein, die den Gefühlen durchaus Raum lässt, ohne dass sie aber Vernunft und Verstand überwuchern könnten.

Die Lebensaufgabe der Jungfrau ist es, in einer labilen Befindlichkeit, ständig Gefahr laufend, in das Chaos oder in die Sterilität zu münden, einen maßvollen Ausgleich und rationalen Weg zu finden. Kritik erleichtert es ihr, diesen Weg im Auge zu behalten, ironische Distanz bewahrt sie vor Irrwegen.

Jungfrauen haben daher auch sozialkritische Begabung. Sie schätzen Satire und politisches Kabarett. Sie haben einen guten Blick für alles, was ein gesellschaftliches Gefüge bedroht. Lehnen sie diese Bedrohung ab, so werden sie zu ätzenden Kritikern utopistischer Vorstellungen und wahnhafter Bestrebungen. Stehen sie aber auf der Seite der Bedrohung, dann nicht, weil sie einfach umstürzen wollen, sondern weil ihrer Meinung nach die herrschenden Zustände unvernünftig sind und ins rechte Lot gerückt werden müssen.

Der Ausspruch Goethes, Ungerechtigkeit sei ihm erträglicher als Unordnung, ist das typische Wort eines Jungfrau-Menschen. Der große Dichter aber ist selbst das beste Beispiel dafür, dass dieser Ordnungssinn nicht in Kleinlichkeit und Pedanterie ausarten muss. Es ist für diese Menschen schwerer als für andere, die innere Harmonie zu finden, doch wenn sie so weit gelangen, dann erwächst aus ihrem Sonnenzeichen eine wahrhaft klassisch-klare Persönlichkeit.

Dieser Mensch weiß dann auch, dass das Vernunftprinzip nicht in allen Lebensbereichen ausschließlich herrschen sollte, er ist sich der Vielfalt der Existenzformen bewusst, und seine reiche Erkenntnis lässt in ihm sogar eine gewisse Lockerheit und Großzügigkeit reifen.

Das Zweckmäßigkeitsprinzip wird sich in diesem Idealfall nicht als kurzsichtiger Materialismus äußern, sondern auf die praktischen Bereiche des Lebens beschränkt bleiben und dort den Menschen vor manchem Missgriff bewahren. Das gilt zum Beispiel für die Kleidung. Die Jungfrau wird sich nie von der verlockenden Form oder Farbe eines Kleidungsstückes blenden lassen, wenn sie einen Einkaufsbummel macht. Sie wird genau prüfen, ob die Qualität des Stoffes gut ist und ob sie ein solches Kleidungsstück auch wirklich braucht. Sie wird eher ein dezentes und qualitativ hochwertiges Produkt wählen als irgendein bloß optisch kleidsames, bei dem sich aber schon nach wenigen Tagen eklatante Mängel herausstellen.

Alle die verschiedenen typischen Einzelmerkmale, denen ein kühles und nervöses Grundtemperament gemeinsam ist, schießen letztlich in drei relativ klar umrissenen Hauptcharakteren zusammen.

Der Erste ist der beherrschte Charakter. Er ist durch Ordnungssinn, Verzichtbereitschaft und Zurückhaltung geprägt. Im positiven Fall sind dies die mäßigen, ruhigen, seriösen Menschen, denen man, besonders in praktischen Dingen, unbedingt vertrauen und auf die man sich wie auf eine präzis gehende Uhr verlassen kann. Im negativen Fall ist diesem Charakter durch Übersteigerung etwas einengend Zwanghaftes eigen. Dies ist dann die Neigung zu zweckentfremdeter Pendanterie, zum Kleinkrämerischen, zur Schulmeisterei, zur Kritiksucht.

Der Zweite ist der scheinbar entspannte, der sich gegen die auf ihn eindrängenden Begierden und Verlockungen nicht abschließt, sie nicht kontrolliert, sondern sie absorbiert und kalt und vernunftmäßig exekutiert. Dies ist im positiven Fall eine Art kühler Genießer, ein distanzierter Lebenskünstler. Ironisch gibt er seinen Trieben nach, verbindet meist raffiniert das Nützliche mit dem Angenehmen. Er ist ein witziger, leicht zynischer Gesprächspartner, er hat etwas von einem sympathischen, aber leicht unheimlichen Faun an sich. Da sein Kontrollbedürfnis nicht so ausschließlich ist, wie beim ersten Typus, lässt er sich zumindest fallweise exzessiv gehen, und ist daher öfter in Unannehmlichkeiten verstrickt. Dennoch hat auch dieser Typus vernunftmäßige Schranken eingebaut, die ihn zumeist vor dem Ärgsten bewahren.

Und schließlich gibt es noch den ambivalenten Typus. Er trägt Charakteristika von beiden ersten Typen in sich. Im Laufe seines Lebens oder auch in kurzer Abfolge pendelt er zwischen Beherrschung und Entspannung, auch bisweilen zwischen einer manisch-verkrampften und einer kühl-distanzierten Haltung. Dieser Typus kann sich bis zum Klassischen steigern, dem nichts Menschliches fremd ist, der alles kennt und alles versteht, und der dennoch alles mit dem klaren Maß der Vernunft ordnet und in großzügigen, aber bestimmten Schranken hält. Vernunft wird hier schöpferisch, Logik und Zweckmäßigkeitsdenken erhalten dienende Funktion und werden nicht zum Selbstzweck.

Der Charakter drückt sich auch im äußeren Erscheinungsbild aus. Wir finden unter dem Jungfrauzeichen kaum ausgesprochen athletische Typen, sondern entweder sehr schlanke und feingliedrige Gestalten oder ausgesprochene Pykniker, deren Unrast und Beweglichkeit aber verhindert, dass sie uns allzu behaglich erscheinen.

Die Jungfrau im Beruf

Dem Beruf kommt im Leben der Jungfrau zentrale Bedeutung zu. Vernunft und Zweckmäßigkeit sind Kategorien, die das Wesen der Arbeit selbst charakterisieren. Und so ist dieses Zeichen auch das der Arbeit schlechthin. In erster Linie das der ausführenden, „unselbständigen“ Arbeit. Nicht, dass die Jungfrau für leitende Positionen etwa ungeeignet wäre!

Man könnte sogar sagen, dass für die Menschen dieses Zeichens die Notwendigkeit selbst einen Arbeitsanreiz darstellt, die Art der Arbeit dagegen eher von zweitrangiger Bedeutung ist.

Trotzdem gibt es bestimmte Berufssparten, die den spezifischen Fähigkeiten der Jungfrau besonders angemessen sind.

In erster Linie sind dies Tätigkeiten, die sehr große Genauigkeit und Detailsinn erfordern. Uhrmacher, Feinmechaniker, Korrekturenleser – Tätigkeiten also, bei denen man aufpassen muss „wie ein Haftelmacher“, das sind Domänen der Jungfrau.

Auch sind es gerade besonders nüchterne, trockene, „papierene“ Tätigkeiten, die die Jungfrau nicht abschrecken, sondern zu denen sie sogar eine besondere Neigung verspürt. Buchhalter, Registrator, Rechnungsbeamter, in allen diesen Berufen wird die Jungfrau am Platz sein. Natürlich kann durch andere Horoskopfaktoren auch schöpferische Begabung vorhanden sein, aus dem Jungfrau-Zeichen allein erfließt diese aber nicht – doch niemand verkörpert ja nur ein Zeichen in Reinkultur. Für schöpferische Begabung ist ein Schuss Jungfrau sogar äußerst förderlich, wenn nicht sogar unerlässlich. Dominiert dieses Zeichen, so wird die schöpferische Tätigkeit einen gewissen mathematischen, exakten Charakterzug aufweisen.

Hierunter fällt jede Art von wissenschaftlichen Tätigkeiten, in erster Linie aber natürlich Mathematik, Wirtschaftswissenschaften und alle sammelnden und analytischen Disziplinen.

Die Jungfrau versteht es, die kleinsten Kleinigkeiten ausfindig zu machen. Sie findet sogar die sprichwörtliche Stecknadel in einem Heuhaufen. Der Blick fürs Große, Ganze, die großzügige Gesamtschau ist weniger ihre Sache. Doch sie müht sich mit größter Sorgfalt durch die vielfältigen Verästelungen eines Systems. Sie prüft geduldig Punkt für Punkt nach, registriert peinlich genau jedes Detail und ist so der beste Garant für ein sauberes und perfektes Arbeitsresultat und den Erfolg.

Doch sie hat auch eine Begabung für planende Tätigkeiten. Sie entwirft nicht die große Linie, stellt nicht pathetisch und diffus irgendwelche Leitvorstellungen auf, aber entwirft logisch und zweckmäßig ein System, das ein vorgegebenes Ziel am schnellsten erreichen lässt. Natürlich ist sie der perfekte Computerspezialist, der geborene Programmierer. Das Wesen von Computerprogrammen ist ja gerade die Zerlegung eines Vorganges in einzelne logische Schritte.

Die Aufsplitterung in kleinste Teilelemente, wobei auch nicht das Geringste außer Acht gelassen werden darf, das ist genau das, was auch das Jungfrau-Prinzip charakterisiert.

Auch zum Psychologen sind viele Vertreter dieses Zeichens geeignet. Analyse von Gefühlsvorgängen, Versachlichung von schwer Greifbarem, objektive Betrachtung von subjektiven Leidenschaften, darauf kommt es ihnen an. Ihre Begabung liegt dabei nicht in der Intuition, sondern in der distanzierten, aber scharfen Beobachtung.

Daher auch ihre schriftstellerische Begabung. Man kann mit Fug und Recht die Jungfrau als das Signum der Literatur bezeichnen. Es ist statistisch nachgewiesen, dass überdurchschnittlich viele Dichter und Schriftsteller die Geburtssonne im Zeichen der Jungfrau haben. Goethe ist dafür nur das repräsentativste Beispiel.

Doch auch ihre musikalische Begabung ist aus dem Ordnungsprinzip herzuleiten. Zahlensinn, exakte und abstrakte Kombination, dies ist das Wesen des kompositorischen Vorgangs, mehr noch als Gefühl und Inspiration. Es ist charakteristisch, dass Anton Bruckner zweitweilig an der Manie litt, alles abzählen zu müssen. Dies ist nur eine typische Übersteigerung des jungfrauhaften Kompositionsprinzips.

Man könnte vielleicht sogar sagen, dass einzig in der Musik das Jungfrau-Prinzip selbst schöpferisch wird und ganz geniale Tiefendimensionen erlangen kann.

Doppelt auf das Zeichen bezogen ist der Beruf des Musikpädagogen. Man kann sich vorstellen, dass die Jungfrau hier wahre Koryphäen hervorbringt.

Durch die Beziehung des Zeichens zur Pädagogik ist natürlich jede Art von Lehrberuf begünstigt. Hier kann sich auch der Hang zur Schulmeisterei nur günstig und Erfolg versprechend auswirken.

Schließlich gibt es die Analogie zum Gesundheitswesen. Dieses Zeichen stellt ausgezeichnete Ärzte, aber besonders auch Krankenschwestern und -pfleger. Die typische Jungfrau wird sich besonders Fragen der Diät, der Hygiene und besonders aller vorbeugenden Maßnahmen widmen.

Welcher Beruf es auch immer sei, er wird in ganz spezifischer Weise aufgefasst.

Wer eine Jungfrau im Betrieb einstellt, kann sicher sein, dass er sich um ihre Pünktlichkeit und Verlässlichkeit nicht sorgen muss. Sollte er den seltenen Fall der chaotischen Jungfrau erwischt haben, so merkt er das gleich so deutlich und drastisch, dass er sich schwer darüber hinwegtäuschen kann. Selbst dieser Typus aber wäre in einem guten Arbeitsklima und mit einer seinem Zeichen entsprechenden Tätigkeit betraut, bereit, mit allen zu harmonieren.

Wenn man etwa ihre Detailfreudigkeit nicht schätzt, große und allgemeine Übersicht von ihr fordert, dann hat man sie gerade an ihren schwächsten Stellen erwischt.

Die Folge kann sein, dass sie zerfahren und sogar unverlässlich wird. Ihre Stärke liegt eben in anderen Bereichen. Man muss vielfach bestimmte Eigenschaften akzeptieren. Die Jungfrau liebt zum Beispiel gewisse festgelegte Verhaltensrituale. Sie haben meist auch einen ganz vernünftigen Ursprung. So hat etwa jedes Arbeitsutensil an einem bestimmten Platz zu liegen. Das kann sich bei schriftlichen Tätigkeiten sogar auf Zeilen und Buchstabengröße beziehen. Wer solches als Pedanterie belächelt und ablehnt, wird nichts an seiner Jungfrau haben. Denn sie braucht solche kleinen Zwanghaftigkeiten, um gute Arbeit leisten zu können.

Ein Chef unter diesem Zeichen wird natürlich auf Sauberkeit, Ordnung und Pünktlichkeit besonderen Wert legen. Wenn dies gewährleistet ist, haben seine Mitarbeiter an ihm einen verständnisvollen, klugen und umsichtigen Leiter. In jeder Position erbringt die Jungfrau, vorausgesetzt die Arbeit entspricht ihrem Ordnungs- und Detailsinn, hervorragende Leistungen. Sie wird als Chef sehr aktiv sein, nicht in unerreichbaren Höhen thronen, sondern durch das Beispiel ihrer Arbeit motivieren. Je mehr Praxis, Geschicklichkeit, Kompaktheit in einer Tätigkeit liegt, desto mehr entspricht sie diesem Zeichen.

Wo die Jungfrau allerdings Faulheit, Unkorrektheit und Ausnutzerei entdeckt, ist sie unerbitterlich. Wo sie durch das Beispiel ihrer Arbeit nicht motiviert, sondern man sich auf ihre Kosten ausruhen will, kann sie ihre sadistischen Qualitäten als Waffe einsetzen. Die Jungfrau ist zu klug, um sich ausnützen zu lassen. Man sollte sich hier ja nicht täuschen. Es kann dann sogar sein, dass sie den Spieß umdreht und die anderen ausnützt, ehe sie es sich versehen. Daher ist Vertrauen und ehrlicher Arbeitswille die wichtigste Voraussetzung für eine Zusammenarbeit mit diesem Zeichen. Man gewinnt, besonders in der Arbeitswelt, die Sympathie der Jungfrau nicht durch Charme, Faszination oder großartige theoretische Erwägungen, sondern nur durch den Nachweis konkreter Leistungen. Wo etwas aufgebaut, ein Wagnis eingegangen werden soll, dient dieses Zeichen dagegen als hervorragendes Korrektiv, das einen Illusionen erkennen lässt und vor Enttäuschungen bewahrt. Was anderen vielleicht kühne Vision, faszinierendes Experiment ist, lehnt die Jungfrau oft genug als müßige Spekulation ab. Dagegen wird sie sich der Durchführung eines Projektes, das sie als realistisch und nützlich erkannt hat, mit ungeteilter Aufmerksamkeit widmen und jeder Arbeit den letzten Schliff verleihen. Was gut ins Werk gesetzt ist, wird von der Jungfrau perfektioniert.

Die Jungfrau in der Freizeit

Urlaub:
Sie brauchen einen Bildungs- oder einen Gesundheitsurlaub. Vielleicht kann man beides miteinander verknüpfen, beispielsweise auf einem Wochenendseminar über naturgemäßes Kochen und biologischen Gartenbau. Der Kurs findet natürlich auf einem alternativ bewirtschafteten Bauernhof statt.

Als Jungfrau fühlen Sie sich überall dort wohl, wo gearbeitet wird, beispielsweise in der Natur beim Einbringen der Ernte. Doch auch die Stadt bietet Ihnen viel Gelegenheit für Erholung.

Als bildungshungriger Mensch zieht es Sie in Museen, Ausstellungen und Bibliotheken. Bevor Sie auf Reisen gehen, sollten Sie einen Reiseführer aufmerksam studieren. Dann macht Ihnen die Schlossbesichtigung mehr Spaß.

Und wenn Sie wissen, wie man Heilkräuter selber anbaut, könnten Sie den nächsten Urlaub auch im eigenen Garten verbringen...

Hobbys:
Weil es Ihnen viel Freude macht, mit kleinen Dingen sauber zu hantieren, erholen Sie sich bei allen Beschäftigungen, bei denen man mit Sorgfalt aufs Detail achten muss. Für Sie ist das keine Anstrengung, sondern eine große seelische Befriedigung, auch wenn es für andere wie Arbeit aussieht.

Zu diesen Hobbys gehören beispielsweise Bastelarbeiten mit Laubsäge oder andere Heimwerkertätigkeiten, das Restaurieren alter Möbel, das Zusammenkleben kleiner Kunstgegenstände, aber auch mehr technisch orientierte Tätigkeiten.

Vielleicht reizt Sie die Elektronik, und Sie konstruieren sich Ihren eigenen Computer. Vielleicht reparieren Sie in der Freizeit kaputte Flipper-Automaten, oder Sie schleifen Edelsteine zurecht.

Aber wenn Ihnen der Sinn nach eigener Tätigkeit nicht liegt, können Sie auch zu einem leidenschaftlichen Sammler werden. Kleine Dinge wie Briefmarken oder Statuetten liegen Ihnen eher als Kachelöfen oder Empire-Schränke. Und aus dem Sammler-Hobby kann durchaus ein lukrativer Nebenverdienst werden. Denn als Jungfrau kennen Sie genau den Wert ihrer Besitztümer. Und den kann man vermarkten.

Jungfrauen lieben auch die Natur als Stätte der Arbeit. Sicherlich macht Ihnen die Arbeit in einem eigenen Garten Spaß. Dabei können Sie auch noch das Angenehme mit dem Nützlichen verbinden und die Früchte Ihrer Arbeit genießen.

Als Jungfrau haben Sie auch einen guten Zugang zur Sprache. Denken Sie an Goethe oder Agatha Christie, beide gleichermaßen erfolgreich. Vielleicht schlummern auch in Ihnen unentdeckte Fähigkeiten! Möglicherweise haben Sie sogar Talent zum Satiriker wie der jungfraugeborene Humorist Ephraim Kishon. Gründen Sie doch Ihr persönliches Heimkabarett!

Die Jungfrau und ihre Gesundheit

Jungfrauen werden nicht so schnell krank, oft aber kränklich. Sie lieben die Sauberkeit, das Leben ist aber meistens schmutzig. Und so viele Krankheitskeime schwirren durch die Luft. Man kommt kaum nach, sie alle zu vernichten.

Sie sehen schon: Bei Jungfrauen besteht die Gefahr der Hypochondrie, d.h. der eingebildeten Krankheiten. Weil überall die Gefahren des Schmutzes und der Ansteckung lauern, und weil Jungfrauen genau und sensibel sind, entdecken Sie an sich selbst auch immer wieder Krankheitssymptome. Und dann wird in Büchern geblättert oder es werden gute Freunde gefragt.

Jungfrauen sind auch oft nervös. Sie überarbeiten sich gern und gönnen sich keine Erholung. Ja, manchmal wissen sie nicht einmal, was sie im Urlaub ohne Arbeit anfangen sollen. Und so kann es zu vielen nervös bedingten Erkrankungen kommen.

Leider ist es schwer, ihnen die Flausen auszutreiben, und darum werden sie nach einer Krankheit nicht so leicht völlig gesund.

Die Krankheiten der Jungfrau

Dem Zeichen Jungfrau unterstehen die Gedärme und andere an der Verdauung beteiligte Organe (außer dem Magen), also auch Bauchspeicheldrüse, Gallenblase und Leber. Sie sind auch am meisten gefährdet. Durch Funktionsstörungen dieser Organe kann es zu Verdauungsstörungen kommen, die sich als Verstopfung oder Durchfall äußern.

Wovor man am meisten Angst hat, das trifft einen auch am häufigsten. So leiden Jungfrauen besonders an Darminfektionen und Darmgrippen. Auch Störungen der Bauspeicheldrüse können vorkommen. Zucker wird nicht richtig abgebaut. Bei Überanstrengung kommt es zu Zittern und Übelkeit.

Jungfrau-Leiden sind oft nervös bedingt. Und durch die Nerven können viele Organe in Mitleidenschaft gezogen werden: der von Natur aus empfindsame Magen ebenso wie der bei Jungfrauen stets anfällige Darm, das Herz, in dem sich der Kummer staut oder das durch zu viel Arbeit überlastet wird, und auch der Kopf, in dem es zu Migräne-Anfällen durch Überarbeitung kommen kann.

Eine weitere Ursache für Erkrankungen liegt bei Jungfrauen in ihrer Lebenshaltung. Nie sind sie mit sich und der Welt zufrieden. Als Perfektionisten par excellence (nur noch übertroffen von den dynamischen Widdern) machen sie sich und anderen Vorwürfe, wenn's nicht so klappt, wie es eigentlich sollte.

Was die Jungfrau für ihre Gesundheit tun kann

Angemessene Lebensweise:
Jede einseitige Lebensweise ist schlecht. Nur Arbeiten oder sauberen Tisch schaffen bringt auf

Dauer Unzufriedenheit. So müssen Jungfrauen vor allem lernen, sich zu entspannen, die Freizeit und das Leben zu genießen, Schmutz Schmutz sein zu lassen und die Kleinigkeiten zu vergessen. Leicht ist das nicht, aber sehr wichtig.

Überarbeitung, Unzufriedenheit und Mangel an Lebensfreude sind die Hauptfeinde der sensiblen Jungfrau. Durch ihr zart fühlendes Wesen (das man ihnen oft gar nicht ansieht) nehmen sie vieles ernster und tragischer, als es eigentlich ist. Und sie fühlen sich oft zu stark verpflichtet, für andere die Arbeit zu erledigen oder dem Chaos im eigenen Heim Herr zu werden. Was nur zu noch größerem Chaos führt.

Für Jungfrauen ist ausreichend Freizeit und Erholung sowie eine positive Lebenseinstellung sehr wichtig. Offenheit, Fröhlichkeit und Großzügigkeit helfen ihr über viele Leiden und Übel hinweg, verhindern sie oft von vornherein.

Ernährung:
Meist finden Jungfrauen von selbst zu der für sie richtigen Kost. Ob es sich um Naturkost, rein pflanzliche Ernährung oder Makrobiotik handelt, dahinter steckt die Erkenntnis, dass einem empfindlichen Darm gut verdauliche Nahrung zugeführt werden muss. Und das ist auch gut so.

Sie müssen sich nur davor hüten, einseitig zu werden. Manchmal ist der Genuss wichtiger als die richtige Kalorienzahl oder der Gehalt an Ballaststoffen. Ansonsten sollten sie bei Pflanzen- und Naturkost bleiben, es wird ihnen gut tun.

Therapien:
Weil Jungfrauen auf Reize so gut reagieren, sind Reiztherapien aller Art gut für sie: Akupunktur, Fußreflexzonenmassage, Homöopathie. Doch zuallererst brauchen sie die richtige Ernährung: leicht verträglich, ballaststoffreich, körnig. Getreide in jeder Form – z.B. auch als Vollkornbrot – ist das Richtige für sie.

Darüber hinaus brauchen sie auch eine Kur für die Seele. Durch Meditation können sie innere Ruhe finden, durch positives Denken die kleinen Quälgeister der Nörgelei und Perfektion ausschalten.

Das homöopathische Mittel für die Jungfrau ist Kalium sulfuricum. Als Tabletten in der Potenz D6 ein- bis dreimal täglich regelmäßig genommen, kann es Wunder wirken.

Die Jungfrau als Kind

Ihre Nachbarn sagen, Sie hätten ein angenehmes Kind. Gemeint ist Ihr September-Baby, Ihre kleine Jungfrau, die natürlich ebenso gut männlichen Geschlechts sein kann. Ihr Baby ist von der ruhigen, unauffälligen Sorte und anscheinend problemlos. Weinen hört man es selten. Und wenn doch, dann liegt das eher an den vollen Windeln als am leeren Magen.

Jungfrauen sind schon als Babys keine Schlemmer. Sie sind den kleinen Dingen zugewandt, beim Essen und bei vielen anderen Gelegenheiten – doch davon später.

Der Jungfrau-Organismus streikt, wenn er zu viel bekommt; besonders bei den männlichen Exemplaren lässt sich das immer wieder beobachten. Dafür muss, was sie zu sich nehmen, einwandfrei sein und ihrem Geschmack entsprechen. Hat Ihr wählerischer Knirps beschlossen, der Babynahrung X den Vorzug zu geben, richten Sie sich danach. Kein noch so gutes Zureden wird ihn bewegen, auch nur ein Löffelchen der Marke Y zu schlucken. Das kann jahrelang anhalten. Später wird es Roh- oder Biokost sein, Butter oder Margarine, Fleisch oder Fisch. Denn: Früh übt sich, was ein Diätapostel werden will, und das sind Jungfrauen alle Mal.

Ähnlich ist es mit der Pünktlichkeit. Auch sie zeigt sich bereits im Babyalter. Ihr Kleines hat sich nämlich nicht geirrt, wenn es zehn Minuten vor der üblichen Zeit greinend seine Fütterung verlangt. Es weiß genau, wie spät es ist, nur: Sie haben mal wieder übersehen, dass Ihre Uhr nachgeht. Gewöhnen Sie sich solche Schlampereien beizeiten ab, oder Ihre Jungfrau wird sie Ihnen abgewöhnen!

Sie kann Sie mit ihren auffallend klaren Augen ernst und prüfend ansehen, als durchschaue sie alle Ihre Schwächen. Man möchte ganz klein werden vor diesem Blick. Hat sie nicht kürzlich sogar Tante Irma gestoppt, deren krabbelnder Zeigefinger oder lächerliches „Giligili“ Ihrer kleinen Jungfrau offenbar recht lästig fiel?

In der Tat scheint Ihr Jungfrau-Kind weder auf zu engen Körperkontakt noch auf Liebkosungen großen Wert zu legen. Es ist eher kühl und etwas distanziert. Liebe braucht es natürlich schon – wer braucht die schließlich nicht? Sie sollte aber mehr den Charakter einer ruhigen, unaufdringlichen Zuneigung tragen. Auf Küsse und Kosenamen kann das Jungfrau-Kind verzichten, wenn Sie ihm nicht das Gefühl der Geborgenheit zu geben imstande sind, wenn Sie nicht ständig da sind für seine Sorgen und Nöte.

Sagen Sie nicht, das wäre unmöglich; Sie hätten zu viele Pflichten und zu wenig Zeit. Das mag stimmen oder auch nicht. Jedoch: Ihre kleine Jungfrau hilft Ihnen Zeit sparen. Was man von ihr erwartet, wenn man sie aufs Töpfchen setzt, begreift kein anderes Kind so schnell wie sie. Und kein anderes Kind lernt so früh Händewaschen und Zähneputzen. Dass die flehentlichen Bitten, sich doch endlich den Hals zu waschen, ebenfalls wegfallen, versteht sich fast von selbst. Jede Kontrolle erübrigt sich – Ihre Jungfrau ist die menschgewordene Sauberkeit!

Mögen andere Eltern über ihre unordentlichen Sprösslinge klagen, Sie haben leicht lachen: Denn auch die Gepflegtheit Ihrer Wohnung leidet kaum. Niemals werden Sie einen vergessenen Teddybär unterm Sofa, einen Plüschaffen im Flur, Schokoladepapier auf dem Teppich oder Kaugummi an der Tischkante finden. Alles ist dort, wo es hingehört oder wenigstens dort, wo Ihre kleine Jungfrau glaubt, dass es hingehört. In Sachen Ordnung ist sie einfach Spitze, wenngleich sie mitunter ihre eigenen Methoden entwickelt. Lassen Sie sie trotzdem gewähren, Sie fahren gut dabei ! Und so gesehen haben Sie ein Musterkind!

Solche Akribie hat selbstredend auch ihre Nachteile. Es ist nicht jeder eine Jungfrau, und als etwas „großzügigerer" Typ werden Sie es schwer haben, mitzuhalten.

Die Frage, wer hier wen erzieht, taucht früher oder später mit Bestimmtheit auf. Etwa wenn Ihr Sprössling Ihre ungeputzten Schuhe oder den Fleck auf Ihrer Bluse kritisiert. Das bringen schon Drei- oder Vierjährige fertig, und mit zunehmendem Alter werden die Kleinigkeiten, die sie zu bemängeln haben, immer mehr. Die Kritik ist, das müssen Sie zugeben, meist nicht so unberechtigt. Gerade das macht sie ja so peinlich! Nehmen Sie zur Kenntnis, dass Ihr Jungfrau-Kind ein hervorragender Beobachter ist. Ihm entgeht nichts, nicht das kleinste

Detail. Halten Sie ihm aber auch zugute, dass es mit sich selbst kaum jemals zufrieden ist. Es strebt danach, alles zu verbessern, sich selbst nicht ausgenommen. Alles soll vollkommen sein – auch Sie natürlich – in einer vollkommenen Welt. Dieser Hang zum Perfektionismus ist es, der seine Kritiklust anheizt, nicht vielleicht Bosheit oder die Missachtung Ihrer Person.

Solange seine Nörgelei auf den engsten Familienkreis beschränkt ist, ist das zwar unangenehm, aber relativ ungefährlich. Schlimmer wird es, wenn Ihr Jungfrau-Kind zur Schule muss. Da auch Lehrer nicht ohne Fehler sind, wird es diese schonungslos aufdecken. Es liegt daher bei Ihnen, ihm rechtzeitig beizubringen, was Toleranz ist. Weisen Sie es darauf hin, dass man nicht alles bekritteln darf, um nicht als ewiger Querulant dazustehen, den keiner mag. Und dass man, achtet man zu sehr auf die Splitter im Auge des Nächsten, sehr oft den Balken im eigenen übersieht. Es wird sein Fehlverhalten umso lieber korrigieren, je milder und taktvoller Sie Ihren Tadel anbringen.

Da Ihre kleine Jungfrau alles ganz genau wissen möchte, werden Sie viele Fragen beantworten müssen. Werden Sie nicht ungeduldig, das nützt Ihnen nämlich gar nichts. Achten Sie lieber darauf, dass Ihre Auskünfte präzise, logisch und folgerichtig sind. Details, die Ihnen unwichtig erscheinen, sollten Sie nicht einfach überspringen, sonst kann das Jungfrau-Kind Ihnen nicht folgen. Es denkt gewissermaßen in kleinen Schritten; ein Spalt, der sich mitten in Ihren Erklärungen auftut, wird ihm zum schier unüberwindlichen Hindernis.

In der Schule trägt ihm diese gründliche, fast pedantisch genaue Art des Denkens in Etappen keineswegs nur Sympathien ein. Sie hat oft Missverständnisse zur Folge. Die Meinung, der kleine Naseweis wolle seinen Lehrern auf den Zahn fühlen und ihr Wissen prüfen, verbreitet sich wahrscheinlich schneller als Ihnen lieb ist. Treten Sie ihr energisch entgegen. Haben Sie auch keine Angst, gegebenenfalls mit dem Religionslehrer ein offenes Wort zu reden. Ihm wird vielleicht die Haltung Ihrer kleinen Jungfrau, nur zu akzeptieren, was realistisch und rational begründbar ist, am wenigsten behagen. Aber möglicherweise entsinnt er sich bei der Notengebung eines ihm recht geläufigen Begriffes, nämlich der Gnade.

Glänzen wird Ihre Jungfrau hingegen in jenen Fächern, die praktisch und nützlich sind. Es macht ihr Spaß, Preisunterschiede von Waren oder Zinsen von Bankguthaben zu errechnen. Auch die Grammatik der deutschen oder einer fremden Sprache erscheint ihr durchaus nicht so trocken wie ihren Mitschülern. Ihre diversen Schulsachen hält sie mustergültig in Ordnung, und wenn sie wirklich einmal eine Hausarbeit vergisst, so ist das nur ein dummer Zufall, der jedem passieren kann.

Wie systematisch und planerisch sie in allen Dingen verfährt, können sie aus der Zahl der Stundenpläne ableiten, die Legion ist. Wundern Sie sich darüber ebenso wenig wie über die vielen Listen, Aufstellungen und Verzeichnisse, die sie anlegt. Wenn Sie's nicht wissen – sie weiß schon, wozu das gut ist! Oder bedeutet Ordnung nicht das halbe Leben?

Reden Sie ihr nicht zu viel rein und zwingen Sie ihr nicht irgendein System auf. Sie hat ihr eigenes längst entwickelt, und das ist meistens überraschend gut. Wenn Sie sie dafür loben, ist ihr das Freude und Ansporn zugleich. Sie wird Leistungen bringen, die sich sehen lassen können.

Danken wird sie Ihnen unter anderem auch durch Hilfsbereitschaft. Sie ist geschickt und willig, flink und verlässlich. Und selbst wenn Ihre kleine Jungfrau ein Er ist, wird sie sich gerne nützlich machen, sollte Ihnen die Arbeit einmal über den Kopf wachsen. Jungfrau-Jungen haben nämlich in der Regel nichts dagegen, mit Besen und Schaufel zu hantieren und Staub- oder Geschirrtücher anzufassen. Ihre wirklichkeitsnahe Einstellung erlaubt es, sie so zu lenken, dass auch für andere Familienmitglieder ein Nutzen herausschaut. Eine kleine finanzielle Belohnung tut ein Übriges bei der fast immer sparsamen kleinen Jungfrau, die den Wert des Geldes sehr früh erkennt. Und noch eins: Lachen Sie auch mal zusammen! Gerade bei Ihrem zurückhaltenden und etwas spröden Kind kann das wahre Wunder wirken. Geben Sie ihm ein bisschen Schwung, an dem es ihm in vielen Fällen fehlt. Es gerät sonst in Gefahr, nur den Ernst des Lebens zu sehen, und der kommt noch früh genug!

Die Jungfrau in der Liebe

Der Jungfrau-Mann in der Liebe

Was der Löwe-Mann zu viel an Selbstbewusstsein und beharrlich strahlender männlicher Potenz hat, das fehlt unserem nach sachlicher und gesunder Ordnung strebenden Jungfrau-Mann.

Denn er ist durch die allzu kritisierende und verwissenschaftlichende Merkur-Prägung seines Tierkreiszeichens sehr in seinem gedanklichem Leben verstrickt und braucht erst immer einen sicheren Beweis der notwendigen Verwendung seiner männlichen Handlungsmöglichkeiten. Ohne diesen gedanklichen Befehl zum Handeln passiert bei unserem Jungfrau-Adam rein gar nichts. So kommt es auch zu der eher kühleren seelisch-emotionalen Ausstrahlung seiner Persönlichkeit. Sie ist oft durch fehlendes vitales Potential, zagende Verharrung und Schüchternheit geprägt.

Der Jungfrau-Mann geht auf Nummer sicher. Gerade in Sachen Herzensliebe; denn – einmal auf die Nase gefallen – wird unser nach wirtschaftlichen Gesichtspunkten handelnder Jungfrau-Adam auf sein Haben-Konto der Emotionen verstärkt sein Augenmerk richten.

Besonders in jungen Jahren möchte er mit gewitzter Taktik und nüchternem Kalkül auf Brautschau gehen. Dass ihm dies nicht sonderlich leicht gelingen wird, liegt an seinem Unwissen im Umgang mit seiner Manneskraft.

Er fällt am Anfang seiner Laufbahn als Gentleman-Liebhaber mit gepflegten Manieren auf. Natürlich werden ihm seine ersten, mehr enttäuschenden Liebschaften in seinem verstandesbezogenen Weltbild bestätigen: Alles muss doch im Grunde erst einmal genauestens untersucht und berechnet werden, bevor man sich zu einer nicht mehr rückgängig zu machenden Tat entscheidet. Und sein noch zu entdeckender männlicher Stolz liegt in dem Jungfrau-typischen Talent einer vernünftigen und nutzungsorientierten Menschenkenntnis.

Diese lässt ihn dann auf weiblichem Sektor ein Terrain abstecken, in dem er unangefochten regieren kann. Doch bevor er in den Genuss seiner erlernten Liebesfähigkeiten kommt, muss er sich erst einmal im seelischen Bereich entwickeln, um nach vielerlei Erkenntnissen zu begreifen, dass er mit seinem Ordnungs- und Verstandesstreben auf dem Gebiet der echten und aufrechten Liebe einfach nicht weiterkommt. Denn hierauf hat unser kritischer Sachverstand überhaupt keinen Einfluss mehr. Die unkontrollierbare Liebe fällt besonders dem sachlichen Jungfrau-Adam sehr schwer, denn sie erfordert eine klare, männlich-heroische Entscheidung zu einem Alles-oder-Nichts Einsatz.

Dass sich mitten im schönsten Getümmel, im Kampf der Geschlechter, schon mal hin und wieder sein Sachverstand meldet und ihm brauchbare Tipps angesichts kaum zu bemerkender Vorzeichen eines partnerschaftlichen Unwetters vermittelt, können wir ihm noch einmal verzeihen. Dass er aber im Laufe seiner männlichen Laufbahn nur gelernt hat, so zu tun, als ob er sich diesem unberechenbaren Wesen Weib restlos anvertraut, um sich an ihren Gaben zu befriedigen, wird ihm mit der Zeit das Genick brechen. Denn so clever unser Jungfrau-Held auch sein mag, sein persönliches Lebensschicksal wird ihm die Rechnung in Form von pedantischem Einzelgängertum mit Tendenz zur innerseelischen Verwahrlosung und zu ätzender Kritiksucht präsentieren. Und wenn es seiner Partnerin an Lebensmut fehlen sollte, sich von seiner allzu berechnenden Verstandes-Sucht nicht zu lösen, so wird es zu gegenseitigen vernichtenden Vorwürfen kommen.

Der Jungfrau-Mann sieht jeden Fehler. Dieses kosmische Talent sollte unser selbstsicherer Merkur-Held nur zu seinem Nutzen anwenden. Und Fehler zeigen einem, wie man es besser machen kann. Also strebt unser Jungfrau-Adam nach makellosem partnerschaftlichem Verhalten.

Dass dies auf dieser Erde nicht völlig möglich ist, erschüttert unseren Helden dermaßen, dass er mit technischer Einseitigkeit und Erfüllung grundlegender Bedürfnisse dem Wesen der Menschen nicht näher kommt.

Sein geistiger Ansatz hat die Tendenz, im Irdischen stecken zu bleiben, denn astrologisch gesehen ist das Zeichen Jungfrau ein Merkur-Zeichen, dem das Element Erde zugeordnet ist.

Sie bremst die luftig dahineilenden kommunikativen Kräfte des Merkur durch pragmatische Sachlichkeit und permanentes Verantwortungsgefühl. So hat es unser erdhafter, verantwortungsbewusster, und doch zugleich luftbetonter und idealisierender Jungfrau-Adam nicht leicht, seine Männlichkeit frei zur Entfaltung zu bringen.

Die Jungfrau-Frau in der Liebe

Geschickt und clever, wie unsere Jungfrau-Lady nun einmal ist, versteht es eine Merkur-betonte Eva, sich mit ihren natürlichen weiblichen Gaben und Talenten auf das Innigste zu verschwistern. Diese wendet sie auf dem „Schlachtfeld" der noch freien Herzen Gewinn bringend an.

Sie ist, wenn sie nicht allzu schüchtern und katholisch erzogen wurde, eine spritzige, junge Dame mit einem offenen, klaren Blick für männliche Helden.

Im Gegensatz zu ihrem männlichen Tierkreiszeichen-Vertreter muss sie nicht um ein Einverständnis von Herz und Verstand ringen.

Es ist für sie ein Leichtes, in einem ernsten Gespräch ihre verführerischen Signale dem männlichen Gegenüber so zu vermitteln, dass es diesem ganz heiß wird, und er den logischen Faden in seinen Ausführungen leicht verlieren kann.

Sie spielt weiterhin mit Unschuldsmiene das „Kräutchen Rühr-mich-nicht-an"; im Innersten wird sie über ihren Erfolg schmunzeln. Er wird natürlich immer wilder und will ihr beweisen, dass sie eine überaus begehrenswerte Frau ist. Hierbei wird er sich auf seine männlichen Begabungen besinnen müssen.

So versteht es unsere Jungfrau durch kühl berechnende Taktik die halbe Männerwelt verrückt zu machen. Zudem wird sie seinen heftigen und zielstrebigen männlichen Einsatz sichtlich genießen.

Unsere Jungfrau-Lady versteht es also, das Beste aus jedem Mann herauszuholen. „Zockt“ sie doch so nebenbei mit dem Trumpf einer geistig und sinnlich befriedigenden Partnerschaft. Es ist schön, wenn sie das Versprechen auch einhalten kann, denn ihre bisweilen nörglerische Besserwisserei erschwert natürlich eine Partnerschaft.

Der meist sehr männliche Partner ihrer Wahl muss sich nur allzu oft als schlampiger „Buhmann“ und Erzeuger von Unordnung und Fehlern titulieren lassen. Im Grunde hat unsere liebreizende und kühl berechnende Jungfrau-Lady ja recht: nur durch das Erkennen und Akzeptieren von Fehlern und Schwächen ist der erste Schritt zum Besseren möglich.

Doch es entspricht der natürlichen Männlichkeit Spuren und Eindrücke seiner einzigartigen, unwiederbringlichen Existenz bei den Frauen dieser Welt zu hinterlassen. Und dass sich dabei auch mal einer in der reinen sauberen und unbeschriebenen weiblichen Jungfrau-Seele leidenschaftlich seine schmutzigen Füße „abgeputzt“ hat, liegt in der Tragik-Komödie unseres Lebens.

Natürlich wird die Jungfrau-Lady ihre herben Männer-Begegnungen niemals wieder vergessen und alle Männer über einen Kamm scheren wollen. Aber gerade in diesem leidenschaftlichen, leicht verletzlichen Bereich der Sinnlichkeit und Emotionalität findet sie letztendlich ihre weibliche Bestätigung. Diese kann sie allein durch Gedankenarbeit nie erreichen.

Aber sie ist auch eine gebildete und begabte Karriere-Frau, die sich ihrer weiblichen Verletzlichkeit bewusst ist. Bewundernswert sicher und zielstrebig arbeitet sie sich bis zu wichtigen und einflussreichen Schlüsselpositionen dieser Gesellschaft hinauf.

Falls sie diesen Weg ihrer astrologischen Begabung geht, wird sie es schon etwas schwerer haben, einen gleichwertigen männlichen Partner fürs Leben zu finden.

Sie sollte ihre natürliche Schüchternheit und ihre weibliche Zurückhaltung dem geliebten Manne gegenüber auch einmal ablegen. Sonst wird das partnerschaftliche Klima immer gereizter werden, und Streitereien und Auseinandersetzungen werden unnötigerweise zur Tagesordnung gehören. Das erträgliche Mittelmaß wohl wollender und liebevoller Kritik am Partner zu finden, darin liegt die ureigenste Bestimmung eines Jungfrau-geprägten Menschen. Natürlich hat unsere zarte und überlegt handelnde Jungfrau-Maid berechtigte Angst, sich gleich dem Erstbesten an den Hals zu werfen und auf ewig an einen Unhold gebunden zu sein. Nein, zuerst möchte sie eine Phase der

Prüfungen und Tests mit ihm erleben. Sie will prüfen, ob er es auch wirklich wert ist, ihm endgültigen Zutritt zu ihrem weiblichen Heiligtum zu gewähren. Sie weiß ja nie, ob er nicht doch ein ehrenloser Tempelschänder ist, der nach der Plünderung weiterzieht, ohne sich um die Trümmer zu kümmern. „Nun gut," wird sich der Auserwählte ihrer Träume sagen, „machen wir ruhig dies Spielchen mit und fassen wir die zarte Lady mit Glacé-Handschuhen an, um ans gewünschte Ziel zu kommen". Doch sollte sich diese Testphase unseres zu vorsichtigen Dornröschen in einer Partnerschaft über längere Zeit erstrecken, wird Unzufriedenheit und Gereiztheit aufziehen. Hier sollte unsere Jungfrau-Maid lernen, sich auch mal unüberlegt ins pralle Leben zu stürzen. Sie wird weicher fallen, als sie es sich vorstellt.

Der Jungfrau-Mann und seine Partnerinnen

Jungfrau-Mann und Widder-Frau

Im Prinzip eine lohnenswerte „Anschaffung" für unseren geschäftstüchtigen Jungfrau-Helden. Gerade eine dynamische, sich frei auslebende Widder-Amazone besitzt alle Attribute einer Persönlichkeitsentfaltung, derer ein vorsichtiger und genau planender Jungfrau-Adam nicht so schnell habhaft werden kann.

Warum sich also nicht einen kleinen, feurigen Wirbelwind zulegen? Aufkommende Flächenbrände könnte er mit seinem Sinn für elegante Notlösungen schon wieder im Keim ersticken. Außerdem ist sie ein „Prachtweib“, mit dem er sich überall sehen lassen kann und seine männlichen Qualitäten hervorheben kann: Was für ein „Pfunds-Kerl“ aber auch, der sich so ein „wildes Stück herbfrischer, weiblicher Natur zähmen“ konnte. Dass er dafür aber im Laufe der Zeit jede Menge anderer Unkosten mit ihr hat, verschweigt er wohl lieber.

So findet auch bei diesem eher ungleichen Paar die ausgleichende Gerechtigkeit Einlass durch die Hintertüre. Hat sich erst einmal der Sturm der ersten Leidenschaften gelegt, und unsere emanzipierte, stolze Widder-Lady den ersten Duft einer eingemotteten Partnerschaft gewittert, so wird sie bei kleinem Jungfrau-Einkommen fluchtartig die Pferde wechseln. Außer er ist ein schon etwas wohlhabenderer Geschäftsmann; sie wird ihm regelrecht sein Konto für ihr Vergnügen plündern. Unser scharf kalkulierender Held wird sich bei ihr ganz schön verrechnen und sich gar zu oft seine Finger samt seinem Konto verbrennen.

So eine heiße Leidenschaft mit einem sinnlichen Feuerzeichen kostet eben viel Brennholz. Davon sollte unser Jungfrau-Mann schon einen gewaltigen Vorrat haben, bevor er sich auf dieses, für ihn etwas zu gefährliche Spiel einlässt. Denn allzuleicht gerät gerade ihm die sinnlich-emotionale Seite seiner Persönlichkeit außer Kontrolle, und er wird von ihr im weitesten Sinne einfach fremdbestimmt werden.

Es sei denn, er ist so schlau und lässt unsere eher etwas unüberlegte Widder-Lady in dem guten

Gefühl, dass sie den Ton angibt. Dann hat er sie endlich unter Kontrolle und kann wieder beruhigt seinen Geschäften nachgehen.

Jungfrau-Mann und Stier-Frau
Hier liegen die Wesensverwandtschaften schon näher, und beide lieben nichts mehr als einen gesicherten Genuss, sei es nun mehr sinnlich beharrlicher Natur, wie bei unserem liebreizenden Venus-Mädchen, oder aber auch mehr regelmäßiger Natur in Form von wohldosierten Streicheleinheiten.

Diese kosmische Konstellation wird zwar jedoch nicht vor leidenschaftlicher Energie knistern. Sie wird eher ein beständiges Bemühen füreinander sein – unter dem Motto: unsere Liebe ist wie ein kalter Wasserkessel, den wir auf einen heißen Herd stellen, um ihn zum Erglühen zu bringen. Eine überaus zärtliche Partnerschaft kann sich daraus entwickeln, wissen doch beide Tierkreiszeichen um die Verletzbarkeit des Anderen. So hält man/sie sich zurück und gewinnt den kleinen Freuden des Alltags die größte Lebenslust ab; also eine Beziehung auf Dauer, mit Tendenz für materielle und sinnlich-emotionale Absicherung nach allen Seiten.

Ihr Eheleben wird ihr süßes Geheimnis sein. Die Raffinesse und süße Vielfalt ihrer gemeinsamen Erlebnisse wird sie beide für die anfänglich eher spröde und vorsichtige Partnerschaftsanbahnung entlohnen. Doch gerade bei unseren beiden Erde-geprägten Tierkreiszeichenvertretern kann sich mit der Zeit Langeweile und Schwermut einschleichen, fehlt es doch beiden an dem Funken alles durchglühender Lebensenergie.

Jungfrau-Mann und Zwilling-Frau
Hier treffen sich zwei Wesenssphären, die unter der Herrschaft des Merkur stehen. Man muss sich nur einmal die wesentlichen Eigenschaften dieses Planetengottes vor Augen halten, um auf die Auswirkungen solch kosmischer Partnerschaft zu kommen.

So viel sei gesagt, wenn sich zwei Geschäftsleute treffen, werden immer Geschäfte getätigt, beiderseitige Abmachungen in Form von Verträgen mit allerhand Kleingedrucktem unterschrieben; natürlich nicht, ohne dass jeder von unseren Geschäftsleuten auch glaubt, das bessere Geschäft dabei zu machen. Der langen Rede kurzer Sinn: Hier versucht jeder zu jeder Zeit im Vorteil zu sein. Mal ist es unser mit allen Wassern gewaschener, angeblich so schüchterner Jungfrau-Adam. Er hat in einer schwachen Minute unserer flinken und leicht zu verunsichernden Zwillings-Eva den Kopf verdreht und ungefragt ihre weibliche Seite geweckt. Ein anderes Mal hat die clevere, männererfahrene Zwillings-Lady unserem nur schwerlich zu betörenden Helden mit ihrer gezielt eingesetzten Weiblichkeit blitzschnell das Fell über die Ohren gezogen.

So wird das ein emsiges Hin und Her. Natürlich wird in dieser Beziehung viel geredet, vergeblich ausdiskutiert und relativiert werden. Dabei darf die Nüchternheit unseres Helden nicht in Frage gestellt werden. Gerne lässt er sich von ihren

Spielchen und Ideen anregen und natürlich reizen ihn auch ihre vielfältigen weiblichen Nuancen.

Zu deren Entdeckung sollte er aber schon einige männliche Energie aufwenden; ansonsten wird sich unsere flinke Dame von Welt einen kleinen, netten Zeitvertreib außer Haus zulegen. Denn eine Zwillings-Lady hat natürlich ihren eigenen Kopf, das sollte unser Held nie vergessen.

Jungfrau-Mann und Krebs-Frau
In dieser astrologischen Konstellation sind die Anziehungskräfte füreinander sehr groß, ergänzen sich doch die beiden astrologischen Elemente von Wasser (Seele) und Erde (Sachverstand) auf den ersten Blick ideal. Dem seelischen Überschuss einer Krebs-Frau steht die seelisch-emotionale Trockenheit eines Jungfrau-Mannes gegenüber, und diese Überbetonungen befruchten sich gegenseitig. Denn ohne die Grenzen des festen Erdreiches wären die seelischen Gewässer unseres Mond-Mädchens einfach uferlos und ohne erfassbare Erkenntnisgrenzen. Und zudem könnte nichts ohne die alles zum Leben und Keimen bringende vitale Kraft des Wassers wachsen und gedeihen. Unser Jungfrau-Adam dämmt wiederum durch sein allzu vernünftiges und berechnendes Verhalten die stimmungsschwankende Psyche einer Krebs-Frau in gesundem Maße ein.

Selten ist unser Held mit der Statur eines Tarzan ausgestattet, aber dies stört die einfühlsame Krebs-Lady insofern nicht, da sie sowieso den menschlichen Wert ihres Partners an innerseelischen Komponenten misst. Doch eine allzu traurige Figur sollte er auch nicht machen. Außerdem weiß sich unser Jungfrau-Adam garantiert äußerst vorteilhaft in Schale zu werfen, wenn es darum geht, sich eine Braut für die Ewigkeit zu „ergattern“.

Im Grunde hält er nicht viel von hektischen, viel versprechenden und doch nichts haltenden, energieverschwendenden Liebesaffären. Deshalb ist er bei unserer treuen Seele von einem anschmiegsamen Mondmädchen bestens aufgehoben.

Jungfrau-Mann und Löwe-Frau

Dies ist wohl eher eine kurze Episode, denn ihren Ansprüchen gerecht zu werden, hieße für unseren sorgsamen und vernünftigen Jungfrau-Adam, sich restlos zu verausgaben. Aber das bedeutet nicht, dass er es bei ihr nicht probieren würde.

Sicherlich ist sie eine glänzende Partie für ihn, bietet sie ihm sozusagen einen Platz an ihrem Hofe an. Was unsere Sonnen-Königin bestimmt nicht an unserem Jungfrau-Prinz gefallen wird, ist sein, für sie gesehen, kleingeistiger Dilettantismus.

Unserem Helden fehlt von Natur aus die großzügig angelegte Lebenseinstellung, die auch mal über kleinere Fehler und Widrigkeiten im Alltag unverkrampft hinwegsehen kann. So bekommt er einen guten Posten als Finanzminister oder als Reichsverweser, nicht allzu weit weg von ihrem Herzen, aber auch nicht zu nahe. Denn es könnte ihm ja eines Tages in den Sinn kommen, sich die Schwächen und Vorlieben unserer Sonnen-Braut zu Nutze zu machen und eine kleine Palastrevolte anzuzetteln.

Hier treffen sich also zwei im Grund sehr verschiedene Persönlichkeiten, die sich nur schwer auf einen Nenner einigen können.

Und was die Liebe angeht, so erscheint wohl unserem Jungfrau-Mann eine prächtige Löwe-Lady viel zu kräfteverzehrend und besitzergreifend. Ihrer Glut und Hitze in der Leidenschaft kann er nur seine ausgefeilte Technik als Liebhaber zur Verfügung stellen. Sie will rundum verwöhnt werden, und das wird unseren Jungfrau-Adam permanent beschäftigen; eine mühsame Partnerschaft für ihn.

Jungfrau-Mann und Jungfrau-Frau
Nun, er wird es sich schon zweimal überlegen, ob er dieses Wagnis eingehen soll. Denn allzu ähnlich sind hier die Wesenskerne. Und die Gefahr ist groß, sich nach anfänglichem Hochgefühl gegenseitig anzuöden; fehlt doch beiden der Antrieb, über den eigenen Schatten zu springen und den anderen einfach anzunehmen, wie er nun einmal ist.

Doch ist unser Jungfrau-Adam ein etwas reiferer Liebhaber, so wird er es sichtlich genießen, seine ihm wohl bekannten Schwächen und Talente in weiblicher Form vor sich zu finden und mit ihr sein Spielchen zu machen. Er sollte aber die Lernfähigkeit eines Jungfrau-Mädels nicht unterschätzen. Sie kommt ihm auf die Schliche und fordert Rede und Antwort von ihm.

Also auch hier eine Partnerschaft, die viel Stoff für endlose Rededuelle und Rechtfertigungsmonologe bereit hält. Wenn diese kosmische Konstellation ein Ziel außerhalb der Partnerschaft verfolgt, so dürfte hiermit ein großes Ventil für die zwangsläufig auftauchenden Spannungen geschaffen werden. Denn im Teamwork sind Jungfrauen fast unschlagbar, und sie können sich beide in der Arbeit, sozusagen in der Öffentlichkeit, ihre Existenzberechtigung erarbeiten.

Jungfrau-Mann und Waage-Frau

Hier begegnen sich zwei extrem verschiedene Persönlichkeiten. Sicherlich ist er von ihr restlos begeistert und wird alles dran setzen, ihre Aufmerksamkeit auf sich zu lenken. Aber die Resultate stehen in keinem gesunden Verhältnis zu seinen Investitionen.

Unser Jungfrau-Mann ist der geborene Wirtschafter, mit einem Minimum von Geld kommt er durchs Leben. Sorgfältig, fast schon geizig, geht er mit seinen Ersparnissen um und erwirbt nur das Allernotwendigste. Er trägt billige Anzüge, und seine restlichen „Luxusgüter“ sind nicht eben vom „Feinsten“.

Nur beim Essen wird unser „Darmgeplagter“ schon mal ins Reformhaus gehen und sich strenge Vollwertkost mit nach Hause nehmen.

Nun können Sie sich vorstellen, dass da kaum Platz in seinem Leben ist für eine verschwenderisch dahinlebende Luxus-Lady mit gehobenen bis überzogenen Ansprüchen an Wohnen, Kleidung und Essen. Sie wird ihn innerlich ob seines Lebensstils nicht gerade sonderlich schätzen und bald wieder auf den freien Markt der Herzen zurückkehren. Denn sie findet ihre wahre weibliche Bestätigung und Genugtuung eher im Rampenlicht der männlichen Öffentlichkeit. Im Großen und Ganzen eine recht leidenschaftslose Partnerschaft.

Jungfrau-Mann und Skorpion-Frau
Nun, was die astrologische Elementverteilung angeht, so ergänzen sich im Prinzip diese beiden Tierkreiszeichen auf harmonische Weise. Dem seelischen Schwermut und der sinnlichen Begierde einer Skorpion-Frau (Wasser-Element) steht der vernünftige und geistesgegenwärtige Intellekt unseres Jungfrau-Adam gegenüber.

Unser Merkur-geprägter Held wird sich dem weiten Feld der menschlichen Errungenschaften im Bereich der Technologie widmen, und unsere Skorpion-Frau erforscht in der Tiefe ihrer Seele die letzten, noch unentdeckten Flecken auf der sie magisch anziehenden Landkarte der menschlichen Natur.

Beide wollen das Licht dahinter wieder zum Leuchten bringen. Er im Geiste und in dessen ganzheitlicher Verwirklichung im Zusammenleben aller organischen Bestandteile; sie will das Licht in ihrer Seele zum Erglimmen bringen, auf dass das Dunkel der Unwissenheit endlich weicht.

So arbeiten sie gemeinsam am Schöpfungsplan und können sich dabei ergänzen. Vorausgesetzt, unser Held hat nicht zu viel Bedenken angesichts ihrer für ihn allzu unbedachten Hingabe an die dunklen und mystischen Seiten in uns Menschen.

Gerade diese Seite möchte er nämlich durch seine Forschungen überwinden.

Hier lernt unser vorsichtiger Held, besonders auch von weiblichen Wesen, sich diesen archaischen Kräften in uns zu stellen und im Kampf mit Wille und Gefühlswelt für sich zu gewinnen. Und sie wird ihn elementar dazu bringen, sich verbesserte Methoden für diese „Kriegsführung" auszudenken und auszuprobieren. So entsteht eine enge und intime Partnerschaft, aber nur, wenn unser Jungfrau-Adam auch genügend emotionale Potenz aufbringen kann. Ansonsten würde er leicht ein williges „Opfer" ihrer Wünsche und Pläne werden. Doch seine Maxime ist organische, gesunde Selbstkontrolle und nicht genüssliche Selbstzerfleischung. Ein wahrlich heißes Abenteuer, wenn er Mut hat.

Jungfrau-Mann und Schütze-Frau
Beide Tierkreiszeichen gehören zu den beweglichen Zeichen. Das heißt, die Eigendynamik ihres Handelns und Wollens liegt in der Umwelt und in äußerlichen Betätigungen: ein bewegtes Hin und Her, ein Gestoßensein und Getragenwerden von Ideen, Ansichten und neuen Meinungen, die das pulsierende Geschehen einer vitalen, vielfältigen Gesellschaft mit sich bringt.

Also im Grunde kaum Zeit, um sich richtig kennen zu lernen. Natürlich hat er sie schon längst ausgespäht und sich auf ihre verlockende Spur gemacht. Aber sie wird ihn nicht so richtig bemerken, passt er doch gar nicht in ihr männliches Raster.

Unsere lebensbejahende Feuer-Lady braucht einen stämmigen und belastbaren Freund, der ihre Eskapaden und Ansprüche voll versteht und toleriert. Weibliche Freiheit und Erfüllung in weitgestreuten Partnerschaften sind ihre Lebensmaxime, die sie sich von niemandem nehmen lassen will. Da versteht sie keinen Spaß.

Natürlich wird sie auch einen netten Abend mit unserem zuvorkommenden Jungfrau-Adam verbringen, aber der dürfte sich nur im Rahmen eines schöngeistigen Austausches bewegen. Einen Ansatzpunkt, sich Hals über Kopf in ihn zu verlieben, wird sie nur schwerlich bei ihm entdecken; zu klein und unscheinbar erscheint ihr die jungfräulich sinnliche Ausstrahlung seines Körpers.

Nun gut, wird er sich denken und versuchen, sie geschickt durch Fragen und Anspielungen doch noch zum Erweichen zu bringen. Doch das ist leider der falsche Weg: Schwupp und weg ist sie!

Jungfrau-Mann und Steinbock-Frau

Wahrscheinlich arbeiten die beiden schon lange in derselben Firma und haben sich schon seit längerem aneinander gewöhnt. Bis sie sich auf einmal an jenem trübsinnigen Betriebsausflug aus Versehen näher gekommen sind und mit Erstaunen feststellten, dass sie sich bestens verstehen und eigentlich schon seit längerem einen intimeren Umgang miteinander wünschen.

So wird alles in Ordnung kommen, und eine für beide Seiten ertragreiche Partnerschaft wird ihren festen Weg gehen. „Ist doch prima“, werden beide sagen, „da sparen wir noch Fahrtkosten, weil wir in der gleichen Firma arbeiten und wir können uns jeden Tag sehen."

Was sich anfangs als glücklicher Umstand zeigte, erweist sich mit der Zeit als ein schier unerträglicher Zustand. Aus dem liebevollen Umgang und dem heimlichen Beobachten des Anderen kann leicht ein eifersüchtiges Überwachen aller Aktionen des Partners werden.

In dieser kosmischen Partner-Konstellation ist die Tendenz vorgegeben, alles, aber auch wirklich alles zu kontrollieren und unter nutzungsorientiertem Denken zu betrachten.

Was für Geschäfte und weltliche Angelegenheiten äußerst günstig ist, sollte aber nicht unbedingt mit in den auf freien Austausch der Gefühle ausgerichteten Bund der Liebe mit eingebracht werden. Das würde auf Dauer auch die herzlichste Partnerschaft im Keim ersticken.

Hier müssen beide Seiten lernen, sich von ihren an sich sehr nützlichen Begabungen zeitweise zu trennen, um diese zarte Blume zweier Liebender nicht mit schnöden Mehrwert- und Nutzungsdenken vertrocknen zu lassen.

Schaffen es beide, diese Welt des trockenen Kalküls aus ihren Herzen zu verbannen, so wird daraus eine liebevolle, zärtlich rücksichtsvolle Partnerschaft werden. Doch die allzu starke Überbetonung des astrologischen Elementes der Erde könnte mit der Zeit zu einer eher spröden und verknöcherten

Beziehung führen, deren eingefahrene Verhaltensmuster sich nicht mehr lebendig den Gegebenheiten des Alltags anpassen können.

Jungfrau-Mann und Wassermann-Frau
Eine Partnerschaft, deren Dauer und Erfüllung weitestgehend von gegenseitiger Toleranz und selbstloser Hingabe abhängig sind. Denn eine ihrer selbst bewusste Wassermann-Lady ist eigentlich keine schlechte Partie für unseren mehr nach geistigem und ethischem Austausch strebenden Jungfrau-Mann.

Bei ihr findet er einen geistigen Ansatz von Selbstverwirklichung, den er auch so gerne sein Eigen nennen würde. Bleibt er doch allzu gerne im Detail hängen und müht sich damit vergebens ab. Doch ihr natürlicher weiblicher Stolz, die Beste, die Einzige sein zu wollen, schreckt ihn ein wenig ab.

So wird er sich damit abfinden müssen, dass sie im Grunde das Zepter in der Hand hat und er „nur“ ausführendes, verlässliches Organ ihrer grandiosen Vorstellungen und Ziele ist bzw. sein darf. Seine berechtigte Entlohnung findet er in ihrer weiblichen Ausstrahlung und in ihrer betont sinnlichen Emotionalität.

Diese Eigenschaften stehen eigentlich im Gegensatz zu ihren freiheitlichen Gedanken und Ansichten und haben eine große Nähe zu Treue und persönlicher, besitzergreifender Verantwortung. Dies gibt unserem Jungfrau-Adam das unbedingt notwendige innere Gefühl des Gebrauchtwerdens und macht ihn so vertraut und unbeschwert im Umgang mit ihr.

Er bietet ihr gekonnt und abwechslungsreich Modelle der Wirklichkeitserfahrung und -bewältigung an, die sie auf Grund ihrer bizarren geistigen Ansichtsweise aus den Augen verloren hat bzw. nicht mehr realisieren konnte. So hilft er ihr, aufkommende geistige und seelische „Knoten" zu entwirren, die ihrem Wunsch nach individueller Entfaltung entsprechen.

Also eine Partnerschaft, die sich mehr auf den geistigen Ebenen des Seins abspielt. Dadurch entsteht aber leicht eine Kräfteverschiebung, die durch gesunde, körperliche Energetik ausbalanciert werden sollte. Ob diese kosmische Konstellation die große sinnlich-emotionale Erfüllung ist, sei dahingestellt. Dies dürfte für beide klar sein. Die Lösung könnte auf einem gemeinsamen Weg liegen.

Jungfrau-Mann und Fische-Frau

Im Prinzip ist sie seine kosmische Ergänzung. Was er zu viel in Kopf und Geist hat, hat sie in ihrem Körper und in ihrem Seelenleben zu viel. Das Problem ist die Einseitigkeit und die Angst des Jungfrau-Mannes, sich im Partner, besonders in unserer agilen und lebendigen Fische-Frau, vollends zu verlieren.

Der Prinzipientreue unseres Helden steht die scheinbar seelische Haltlosigkeit einer Fische-Eva gegenüber. „Und ewig lockt das Weib," wird er sich sagen und seine zwischenmenschlichen Studien auch bei ihr weiterführen wollen.

Doch ob sie ihn gewähren lässt, steht auf einem anderen Papier. Der Ausweis zu ihrer reizenden und sinnlich üppig ausgestatteten Welt ist ein gesundes, männlich strahlendes Bewusstsein und die entsprechenden natürlichen Gaben dazu. Mit einem „Handtuch“ von einem Mann wird sie sich nicht zufrieden geben. Sie braucht einen strahlenden Götterboten, der ihr die frohe Botschaft des freien, ungezwungenen Lebens hier auf Erden wirklich nahe bringt.

Nun gut, Götterbote hin – Götterbote her, durch sein merkurianisches Talent könnte er sich schon geschickt in ihr Herz einmogeln und sich darin einen angenehmen Platz verschaffen. Aber was soll das Ganze, wird sich unser Held nach durchlebten Nächten und aufreibenden Wochenenden fragen, immer nur Lebensrausch, das kostet ihn einfach zu viel Lebenskraft, die er doch viel lieber nutzbringend investieren möchte.

Sicherlich liebt er sie mit all seinen Sinnen, so wie er sich das vorstellt, aber ob das einer lebenshungrigen Fische-Eva auf Dauer genug ist?

Also lässt er doch lieber von vornherein die Finger von ihr, denn er sieht ihre kosmische Begabung, andere in ihren Lebenstaumel mitzureißen und sich auf gewagte Lebenswege zu begeben.

Er möchte ungern nur eine Episode in ihrem Leben sein, wenn schon, dann das ganze Leben. Aber dafür ist sie ihm ein wenig zu flatterhaft und in ihrem gesamten Verhalten zu undurchsichtig und verschwommen.

Falls es ihm aber Spaß machen sollte, ihren hauseigenen Psychoanalytiker zu spielen, findet er eine ergiebige Patientin, die sich auch schon mal einen kleinen, netten Flirt mit ihrem "Doktor" leistet. Das wird ihm gefallen, ist er doch gar nicht so puritanisch, wie er sich immer gibt.

Die Jungfrau-Frau und ihre Partner

Jungfrau-Frau und Widder-Mann
Natürlich wird sie es gekonnt verstehen, ihm den Kopf ganz gehörig zu verdrehen und sich ihm als lohnenswerte „Beute" in Aussicht zu stellen.

Sie liebt an ihm das heldenhafte, ungestüme Wesen und seine würzige, herbfrische Männlichkeit. Sie versteht es auch, sich in einer gefährlich anmutenden Dornenhecke als scheinbar harmloses Dornröschen darzustellen, auf dass unser feuriger Held sie für noch erobernswerter hält und sich so großen Abenteuern aussetzen wird.

Doch keine Sorge, unser ungeduldiger Held wird ohne größere Blessuren auf ihrem Lager landen und ihr den alles entscheidenden Kuss geben. Doch bis es so weit ist, will sich unsere wohl überlegt handelnde Merkur-Eva auch noch von den anderen männlichen Qualitäten des Widder-Mannes überzeugen lassen. Qualitäten, die eine um die Zukunft besorgte und sich nach allen Seiten absichernde Jungfrau-Frau einfach braucht. Was hat sie von einem feurigen, erstklassigen Liebhaber, der es nicht versteht, Karriere zu machen und das Bankkonto stetig zu füllen?

Klar, ein abenteuerlicher Typ kann es schon sein, aber er muss clever und gerissen sein, um für alles Notwendige ohne viel Aufwand zu sorgen. Denn sie will nicht ein Leben lang in der Küche stehen, und mit dem Haushaltsgeld geizen. Dass es aber in den meisten Fällen so kommt, liegt an der fehlenden Großzügigkeit des Umgangs mit unserem Widder-Mann. Er würde ja liebend gern alles für sie machen, aber bitte schön, sie sollte nicht immer so an ihm herumkritisieren. Das macht unseren stolzen Mars-Adam mit der Zeit immer gereizter, und er wird, falls er sie tatsächlich liebt, eine adäquate Antwort geben.

Damit hat sie nicht gerechnet und sie zieht sich – sichtlich seelisch berührt – zurück. Das wollte er wirklich nicht, aber sein Stolz und seine Manneswürde erschweren es ihm, sich bei ihr aufrichtig zu entschuldigen. Sie droht mit Liebesentzug, er sagt bitteschön, mach doch. Sie stürzt heulend in die Küche und macht sich über den Abwasch her. Natürlich fällt ausgerechnet seine Lieblingstasse auf den Boden. Nur ruhig Blut jetzt, ganz ruhig bleiben ... Das wollte nun keiner von beiden.

Jungfrau-Frau und Stier-Mann

„Wunderbar, was du da gekocht hast,“ wird sie ihn loben, nachdem er sie zum ersten Mal zu sich nach Hause eingeladen hat.

Obwohl er sie als ein bisschen zu zart und blaublütig empfindet, liebt er doch ihren feinen Charme und ihre angeblich so schüchterne Zurückgezogenheit. Stille Wasser sind tief, wird er sich denken und zugreifen. Und sie wird es ihm natürlich gewähren, ist doch so ein Venus-Schönling ein hübscher Mann und vor allem steht er auch auf Sauberkeit und Sicherheit im Leben, was liegt da näher, als sich seine Talente mal näher anzusehen. Aha, ein begabter Geschäftemacher ist er auch noch, und sein Konto und seine Wohnung sind recht ansehnlich ausgestattet.

Hier treffen sich also zwei Tierkreiszeichen, die sich auf Anhieb verstehen können und die den Bedürfnissen ihrer Wesenssphären leicht gerecht werden. Hier findet unsere nach zarter Sinnlichkeit strebende Jungfrau-Frau einen sinnlichen, sensiblen Adam, der genau weiß, was eine Frau braucht.

Eine Partnerschaft, in der man sich nie gnadenlos zerfleischen könnte, sondern von vornherein lieber einen gepflegten, liebevollen Umgang miteinander vereinbart. Aber auch hier sollte sie sich vor allzu engstirniger Kritik an seinem üppigen Gefühlsbedarf hüten. Dies hieße im wahrsten Sinne des Wortes „heilige Kühe schlachten“.

Jungfrau-Frau und Zwilling-Mann

"Endlich ein Mann, der mich wirklich versteht", wird sie sich nach dem ersten flüchtigen Kontakt mit unserem hektischen und lebhaften Merkur-Jüngling denken. "Wie war das noch, was hat er gesagt?" Schritt für Schritt wird sie diese Begegnung noch mal durchspielen, um auch ja sicher zu sein, dass sie ihn richtig verstanden hat, dass er sie gerne wieder sehen will.

Sind erstmal die typischen Anfangsschwierigkeiten zweier beweglicher Zeichen überwunden, und hat man die üblichen daraus resultierenden Missverständnisse aus dem Weg geräumt, so steht einer erfrischenden und verspielten Beziehung nichts mehr im Wege.

Kaum ein Außenstehender wird ihnen bei ihrem geistigen Austausch folgen können, denn beide sind wahre Schnelldenker und ihre geistige, frische und ungebundene Assoziationskraft wird sie spielerisch von einem Thema zum anderen bringen: ein regelrechter geistiger Schlagabtausch.

"Darf's ein Gläschen Sekt mehr sein?" wird unser spritziger Zwillings-Adam ihr ins Ohr flüstern, und sie wird ihm lachend die Flasche aus der Hand nehmen und ihm einen Vortrag über die emanzipierte Weiblichkeit halten und lauthals verkünden, dass Charmeure alten Stils sowieso keinen Platz bei ihr finden würden. Was natürlich glatt gelogen ist, aber er bemerkt das falsche Spiel und erzählt ihr großspurig etwas über seine – ach so – zarte und gebrechliche Gemütsverfassung. Aber lassen wir doch die beiden alleine, viel Spaß.

Jungfrau-Frau und Krebs-Mann

Obwohl es für ihn eine interessante Frau ist, hält sie im ersten Moment nicht allzu viel von unserem mit sich selbst beschäftigten Krebs-Adam. Er erscheint ihr ohne markantes männliches Persönlichkeitsprofil, und sein zielgerechtes Handeln in Bezug auf Brautschau und Liebesabenteuer ist etwas unterentwickelt.

Wenn da nicht dieses ungeheure Einfühlungsvermögen wäre, ein Mitgefühl des absoluten Verstehens und reinen Akzeptierens des Anderen, das sie in dieser Ausdrucksstärke noch bei keinem anderen Mann kennen gelernt hat.

Auch fühlt sie sich seltsam locker und beschwingt in seiner Gegenwart, und sie vertraut ihm ihre weiblichen Geheimnisse an, die sie selbst der besten Freundin vorenthalten würde. Er hat sogar manch plausible Erklärung für die „Probleme“ ihrer natürlichen Weiblichkeit; steckt sie doch allzu oft nur in ihrem Kopf und vergisst dabei den Bedürfnissen ihres Körpers zu lauschen und ihnen gerecht zu werden.

Und sie vergisst, seitdem sie unseren Mond-Mann kennen gelernt hat, dass er auch noch ein männliches Wesen ist und wird ihm daher das Leid einer für ihn unerfüllten Liebschaft bereiten. Denn alles, was bisher geschah, waren die seinem Charakter eigenen Vorbereitungen für die endgültige Eroberung.

Bis er damit herausrückt, was er eigentlich wirklich von ihr will, sind die ersten zählenden und frischen Momente einer Affäre schon ungenutzt ausgelebt und ausgeredet. „Mist aber auch“, wird er sich denken und sich schmollend zurückziehen. Das wundert wiederum nun unsere Jungfrau-Maid, und sie findet sein Verhalten unangebracht und allzu eigenbrötlerisch. „War doch nichts mit ihm los“, wird sie sich denken.

Um diese Partnerschaft auf Dauer zu gestalten, erwartet unsere Eva einen etwas klareren Mut zur Männlichkeit von ihm. Es wird ihr schwer fallen, sich eine seelische Mimose ins Haus zu holen, hat sie doch selbst oft mit sich genug zu tun. Sie benötigt eher eine männliche Stütze als eine neue Freundin in Form eines Mannes. Aber das muss nicht immer so sein.

Jungfrau-Frau und Löwe-Mann
Genau der Richtige, ein Prachtstück von einem Mann, der gut in ihr Wohnzimmer aufs Sofa passt und den sie mit allerlei „Zuckerli" und erstklassiger Hausmannskost verwöhnen könnte. Dafür sollte er sie ab und zu in die Arme nehmen, sie ganz fest an sich drücken und herzerfrischend schnurren und vor sich hinbrummen. Und sie wird ihrem Schmusekater gehörig das Fell zerzausen und ihm noch eine Flasche besten Rotweins kredenzen, damit er auch so richtig in Stimmung kommt.

Angenommen, unser Sonnenkönig hat schon Karriere gemacht und ist in die Phase des Genießens gekommen, so wird er sich nicht zweimal bitten lassen. Ist er aber noch ein drahtiger, raubeiniger „Menschenfresser", der seine Liebe zur Macht noch nicht bis zum letzten Tropfen ausgekostet hat, so steht ihm der Sinn nach mehr.

Dann wird sich unsere clevere Jungfrau-Lady etwas anderes einfallen lassen müssen. Aber sie wird auch bei ihm eine elegante Lösung finden, sich unter seine wohltuenden Sonnenstrahlen stellen und sich als geschickte Herrscherin hinter dem Herrscher profilieren.

Gefallen muss sie ihm schon. Mit einer mageren und nörgelnden „Beute" ist unser König der Wüste nicht zufrieden, es sei denn, sie weiß sich ausgesprochen teuer zu verkaufen. Das imponiert jedem Löwen.

Hier lernt unsere bedacht handelnde Jungfrau-Maid die Würze einer gelebten herzlichen Großzügigkeit, die sich nicht nach logischen Gesichtspunkten richtet.

Jungfrau-Frau und Jungfrau-Mann
Das dürfte in den wenigsten Fällen gut gehen, treffen hier doch zwei allzu begabte Kritiker des menschlichen Geschlechts aufeinander, die sich bis auf die blanken Knochen jeden kleinen und großen Fehler und ihre Schwächen vor Augen halten können. Ätzende Kritik am anderen Partner würde zur alltäglichen Kür werden. Bemerkungen über das gegenseitige miserable Aussehen würden bald zu den täglichen Pflichtübungen gehören.

„Warum hast du mich eigentlich geheiratet?" Die Gegenantwort wird sein: „Da bin ich wahrscheinlich zu dämlich gewesen".

Warum sollte sich unsere vorsichtige Jungfrau-Maid in so ein masochistisches Ehedrama verwickeln lassen? Sie riecht den Braten schon frühzeitig und wird ihn noch rechtzeitig vor die Türe setzen können. Es könnte aber auch eine Partnerschaft werden, in der das gelassene und wohl bedacht gesprochene Wort eine wichtige Rolle spielt und zarte Gefühlsbande gehegt und gepflegt werden. Diese können auf Grund der besonders zärtlichen Liebe allem Unheil und Unwetter des alltäglichen Lebens trotzen und ein Garant für eine lebenslange friedliche und harmonische Zweier-Beziehung sein.

Hier wird auch die sinnlich-seelische Erfüllung nicht zu kurz kommen, lassen sich die beiden viel Zeit, um einen ausgeklügelten Weg der beidseitigen Erfüllung zu finden. Eine Partnerschaft, in der keine Energie verschwendet wird und ein sorgsamer, liebevoller Umgangston herrscht. Trotzdem ist es ein langer Weg bis dahin.

Jungfrau-Frau und Waage-Mann

Im Grunde eine etwas seltenere partnerschaftliche Konstellation. Denn unsere kritische und nach überprüfbaren Persönlichkeitsprofilen suchende Jungfrau-Lady wird damit bei unserem weltgewandten Mann nicht sehr weit kommen.

Von niemandem lässt er sich in einen alles offen legenden „Seelenstriptease" drängen.

Gescheit und flink wie dieses venusbetonte Luftzeichen ist, fällt ihm zu jedem Vorwurf in Bezug auf seine oft undurchsichtigen Verhaltenstaktiken eine elegante, unverbindliche und zu nichts verpflichtende „Notlüge" ein.

Das mag ihm unsere sorgsame und nach sicheren Grundlagen strebende Jungfrau-Maid im ersten Gefühlssturm der aufkeimenden Liebe mit einem nachsichtigen, erkennenden Schmunzeln auf den Lippen noch leicht verzeihen, gehört es doch nach ihrer Meinung zu den ersten verliebten Spielchen. Doch wenn sie es immer und immer wieder erfahren muss, dass sie den glatten Waage-Mann nicht durch ihre liebende und aufmunternde Kritik in den Griff bekommt, so wird sie mit der Zeit zu den ätzenderen Mitteln ihrer geschickten verbalen und sublimen „Kriegsführung“ übergehen.

Ja, und da wären wir auch schon beim Anfang vom Ende dieser etwas einseitigen „Lovestory“. Denn ein Waage-betonter Mann steht jenseits aller positiven und negativen Kriterien, versucht er doch selbst permanent, alle Fehler und Schwächen der menschlichen Natur durch einseitiges grenzenloses Harmonieverhalten zu retuschieren. Bei ihm wird unsere zarte, aber auch zähe Eva nicht so leicht glücklich werden können.

Jungfrau-Frau und Skorpion-Mann
Dies könnte eine interessante und intensive Partnerschaft werden, falls es beide gelernt haben sollten, ihre jeweiligen gut ausgeprägten Talente und Begabungen nicht allzu einseitig und überspitzt auf das gemeinsame Feld der zwischenmenschlichen Begegnung zu konzentrieren.

Diese Talente könnten sich auf innige Weise verweben: der faustische, Skorpion-typische, leidenschaftliche Drang, allen Dingen dieser Welt auf den Grund zu gehen; die erstklassige, wissenschaftliche Begabung einer Jungfrau-Eva, ihre Gefühlswelt und alle Regeln und Techniken der Kommunikation in allen zwischenmenschlichen Bereichen zu erforschen und eine genaue „Landkarte“ davon zu erstellen. Sie will damit sicher gehen, dass sich niemand in dieser harten Welt verirren kann.

Hier hätten wir also eine kosmische Kräftekombination, die ein Höchstmaß von geistiger und sinnlich-seelischer Lebensenergie freisetzen kann.

Eine äußerst intime und sinnlich erregende Liebe, die auf Grund ihres maximalen Anspruchs aneinander entweder zu höheren Erkenntnissen führt oder aber sich in erbärmlichen und niederen Auseinandersetzungen verstricken kann. Ein heißes Eisen also, das beide wahrscheinlich am Beginn ihrer Liebe nicht so richtig wahrnehmen können.

Die sinnliche Erwartungsbereitschaft unserer sich sonst eher bewusst kühl verhaltenden Jungfrau-Maid wird durch die direkte Konfrontation mit einem sinnlichen Mann einfach entschieden gesteigert werden.

Auch hier ist die Merkur-Eva noch sehr lernfähig, hat sie doch in ihm endlich einen Meister der Sinne kennen gelernt. Und wenn dieser „Meister der Sinne“ seine dunklen und nach seelischer Macht schreienden Schatten in sich unter Kontrolle hat, so kann sie sich ihm vollends anvertrauen. Sie wird niemals wieder die gleiche sein, die sie vor Beginn dieser ereignisreichen und extremen Partnerschaft war.

Jungfrau-Frau und Schütze-Mann

„Was ist denn das für ein elendiges Gestrüpp?“ sprach's und bahnte sich mit energischen Schwerthieben eine schmale Schneise durch die wuchernde Dornenhecke. „Mal sehen, ob die Lady noch immer da liegt, wie man mir erzählt hat.“ Mit letztem Höchsteinsatz seiner Kräfte schlug er die alte, morsche Tür zu dem sagenhaften Turm ein.

Da fetzte mit einem fürchterlichen Getöse eine aufgeschreckte Katze zwischen seinen Beinen hindurch, sodass er beinahe kopfüber die Treppen hinuntergestürzt wäre. Nun öffnete er mit entschlossenem Blick und pochendem Herzen die oberste Tür im Turm: Da lag sie, ein Traum von einem Weibe, mit einem zarten, fast durchsichtigen Negligé bekleidet, das die Konturen ihres wohlgeformten Körpers seinem Blick preisgab.

Er stürzte zu ihr und gab ihr einen heißen und leidenschaftlichen Kuss auf ihre jugendlichen Lippen.

Das Blut schoss durch ihre Adern, sie schlug die Augen wieder auf, schaute ihn mit wundersamen, kindlich frischen, dunkelbraunen Augen an und murmelte, wobei sie sich streckte und reckte wie eine schnurrige Katze: „Ach mein Liebster, du, wie lange habe ich schon auf dich gewartet. Du sehnsuchtsvoller Traum, der nun Wirklichkeit geworden ist – aber du hättest dich ruhig vorher etwas besser rasieren können..."

Völlig verstört ob diesen Einwandes rieb sich unser sich sonst nichts zu Schulden kommen lassender, feuriger Held die Wangen. Da waren wirklich nicht gerade wenig Bartstoppeln.

Er murmelte vor sich hin: „Komisch, hab doch erst letzte Woche mein neues Schwert bekommen, taugt also doch nichts – dieser Mistkerl von Händler, na warte", sprach's, sagte ein knappes

„Tschüss, bin gleich wieder da, habe noch was Wichtiges zu erledigen“, und schwang sich von dannen. Unterwegs fiel ihm die Geschichte von Aschenputtel ein, – “da müsste ich doch glatt mal vorbeischauen...“

So oder ähnlich wird sich die Begegnung zwischen diesen beiden Tierkreiszeichenvertretern wohl abspielen.

Fazit: Eine kurzfristige, aber auf Dauer nicht mögliche Beziehung.

Jungfrau-Frau und Steinbock-Mann
Dies ist eine Partnerschaft, die in erster Linie nicht so sehr von der Glut der sinnlich-emotionalen Leidenschaft getragen wird, sondern eher einem wohl temperierten Klavier gleicht, auf dem zarte und zurückhaltende Akkorde der Toleranz angeschlagen werden.

Ein ausgezeichnetes Arbeitsklima wird bei dieser Kräftekonstellation herrschen und beiden eine arbeitsreiche und erfüllte Zeit auf Erden bescheren. Das ist eine Ehe auf Dauer, die allen kleineren Widrigkeiten des Alltags trotzt und das partnerschaftliche Augenmerk auf kommende größere Aufgaben lenkt.

Hier unterstützen sich Sorgfalt und Prinzipientreue auf ideale Weise, und eine klare und beherzte Vernunft in allen Lebenslagen ermöglicht es, das gemeinsame Lebensschiff um alle Klippen schicksalshafter Härte und Not zu lenken. Beim Steinbock-Adam weiß unsere Jungfrau-Eva, dass sie sich ihm voll anvertrauen kann; er wird sie niemals enttäuschen. Sein Wille und seine Zähigkeit, zu den höchsten Höhen der menschlichen Existenz aufzusteigen, passen auch zu ihr.

Er bestärkt sie noch in ihrem natürlichen, fast schon mütterlichen Versorgungsbestreben, ihm alles Gute zukommen zu lassen: Eine blitzblanke Küche und eine blitzsaubere Frau werden unserem strebsamen Steinbock-Mann auf ewig zur Seite stehen.

Und mit dieser elementaren Voraussetzung hat es ein Saturnier schon etwas leichter, Erfolg um Erfolg nach Hause mitzubringen. Dass es aber nicht so schnell mit den Erfolgen geht, liegt in seiner Natur, und die versteht und liebt sie vollkommen.

Jungfrau-Frau und Wassermann-Mann

Eine extravagante und seltene Verbindung zweier Menschen. Wenn unsere Jungfrau-Eva eine Schwäche für das Besondere und einen Geschmack für den außergewöhnlichen bis bizarren Typus Mann hat, liegt sie bei einem Wassermann-Adam schon richtig. Doch seine bisweilen verschrobene, egoistische Profilneurose wird ein ewiges Hindernis in dieser Partnerschaft sein.

Sicherlich sind beide sehr intelligent und wissen um die Macht von Wissen und Rhetorik. Doch das für einen großgeistigen Wassermann so „mickrig" erscheinende Ich-Verständnis einer noch auf dem Weg des sich Kennen- und Begreifenlernens befindlichen Jungfrau-Lady, wird ihn nicht sonderlich anregen und kaum zu neuen Wirklichkeitserfahrungen motivieren können. Er weiß im Grunde doch alles viel viel besser als sie.

Das ärgert natürlich die zarte und verletzliche Merkur-Eva, und sie versucht ihm zu erklären, was mit ihr los ist. Er aber hört ihr gar nicht richtig zu, mit seinen Gedanken ist er schon längst wieder ganz woanders.

Also eine Partnerschaft, die im Prinzip nicht allzu fruchtbar ist; zwar sind die Erlebnis-Sphären gleicherweise von geistiger Natur, aber von entgegengesetzter Zielrichtung: Sie will sich durch ihre Auseinandersetzung mit den Dingen dieser Welt ein besseres und vollständigeres, verwertbares Bild machen. Er möchte mit den gleichen Anstrengungen sein ureigenstes Ego-Profil in der wilden und unbeschreiblichen Weite des Lebens entdecken und entwickeln.

Ein Mann also, der im Grunde seines Herzens ewig allein ist und auch sein will, denn dieses zartbittere Gefühl eines Einzelkämpfers möchte er absolut nicht verlieren: besonders dann, wenn ihm eine Frau seelisch allzu nahe auf den Pelz rücken will und emotionale Verantwortung in der Partnerschaft von ihm verlangt.

Der freie Austausch von Geist, Körper und Seele ist zumindest in den Anfängen einer aufkeimenden Liebe dieser Tierkreiszeichenvertreter zu entdecken, wird aber durch Profilierungswünsche und Ängste schnell wieder verflogen sein. Eine skurrile Tragik schwingt hier mit hinein.

Jungfrau-Frau und Fische-Mann

Da es sich hier um sich gegenüberliegende Sternzeichen im Tierkreis handelt, können wir wieder davon ausgehen, dass es sich um eine spannungsintensive Partnerschaft im positiven wie auch im negativen Sinne handeln kann.

Auf den ersten Blick ergänzt ein Fische-Mann den noch ziemlich brachliegenden Teil ihrer allzu trockenen Seele um seine äußerst sensible und überfließende Emotionalität. So kann er sie regelrecht aufweichen und sie für neue seelische Erfahrungswelten sensibilisieren. Wenn sie sich von dieser inneren Führung begeistern lässt, hat unser launiger Fische-Mann bei ihr auf ganzer Linie gewonnen.

Ein Lebenskünstler wird in ihrem Leben erscheinen und sie für das lockere und sensible Spiel des Hier- und Jetzt-Lebens begeistern können. Natürlich weiß sie auch seine sinnliche, unendlich strömende Hingabe an alles und nichts zu schätzen.

Im beruflichen Leben sollte diese grenzenlose Hingabe aber schon in eine handfeste Karriere umgemünzt werden, wenn er auf Dauer einen Platz an ihrer Seite behalten will. In Bezug darauf wird sie sehr kritisch mit ihm umspringen und das wird auch gut sein, denn allzu leicht flieht ein Fische-Jüngling aus der harten Realität und entzieht sich allen verantwortungsfordernden Belastungen.

Sie ist wahrscheinlich die einzige Frau, die haargenau weiß, wie und wann sie den für andere so haltlos erscheinenden Fische-Adam gekonnt unter ihre liebende Kontrolle bringen kann.

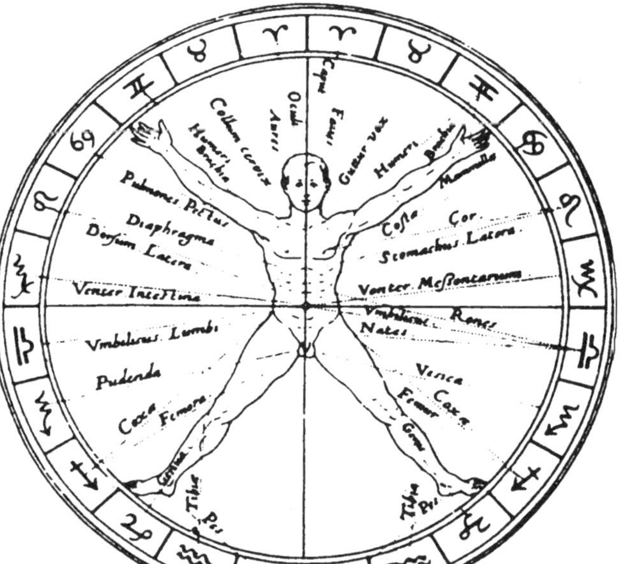

Caput
Oculi
Aures
Fauces
Gutter vox
Humeri
Brachia
Mammilla
Pulmones Pectus
Diaphragma
Costa
Cor
Stomachus Latera
Venter Intestina
Venter Mesentarium
Renes
Nates
Pudenda
Vesica
Coxa
Femora
Femur
Tibia
Pes

Berühmte Persönlichkeiten

In diesem Kapitel werden Ihnen einige berühmte Vertreter des Tierkreiszeichens Jungfrau – historisch wie auch kulturelle Persönlichkeiten – vorgestellt. Hierbei geht es weniger um eine vollständige und umfassende Darstellung, vielmehr sollen die tierkreistypischen Verhaltensweisen, Charaktereigenschaften und „kleinen Eigenheiten" dieser Berühmtheiten herausgestellt werden.

Johann Wolfgang von Goethe (28.8.1749)
Nicht nur, dass seine Familie zu den drei reichsten in Frankfurt gehörte, dieser Sohn betuchter Eltern und spätere geheime Legationsrat verstand es auch vorzüglich, seine schriftstellerischen Gagen in bare Münze umzusetzen. Was ihm allerdings niemand verübeln sollte, denn schreiben konnte er, der gute Texto (seine Mutter hieß übrigens „Textor"). Die deutsche Sprache hat er, ganz jungfräulich, gesäubert und gereinigt. Fremdländische Worte wollte er durch deutsche ersetzen. Anstelle der ausländischen „Pistole" setzte er den treudeutschen „Meuchelpuffer". Der aber hat sich nicht durchgesetzt.

Viele andere Eindeutschungen dagegen (hauptsächlich aus dem Französischen) hatten Bestand. Sie machten sein Deutsch zu einer Sprache, die man auch heute noch genießen kann. Wer's nicht glaubt, der lese seine Zeitgenossen.

Auch als Naturforscher hat er sich hervorgetan. Und weil der zarten und sensiblen Jungfrau das Dramatische der damals vorherrschenden Katastrophentheorien nicht lag, entdeckte er die sanften Zwischentöne. Er fand den Zwischenkiefer (nichts Dramatisches, aber wir haben und brauchen ihn) und nahm Gedanken der Evolution voraus. Außerdem las er gern Comics, was die wenigsten wissen. Sein Lieblingszeichner hieß Rodolphe Töpffer.

Sein „Sinn für die organische Ordnung der Welt", heißt es in einer Würdigung, „geht immer vom Anschaulichen, Nahen, Sinnlichen aus". Als erdverbundenes Zeichen konnte er mit den Abstraktionen der Mathematiker und Physiker nichts anfangen. Darum schuf er auch seine eigene Farbenlehre, die auf psychologischen Erkenntnissen basiert.

Sein „Faust" ist auch kein tiefgründiges oder gar dämonisches Wesen, sondern ein nüchterner Faktensammler und moderner Unternehmer (besonders im zweiten Teil), der die freie Marktwirtschaft und das Papiergeld erfindet.

Mit der Liebe hatte er es nicht so. Das ist auch nicht die Domäne seines Zeichens. Zwar schrieb er viel darüber und probierte es auch oft, aber das ist ja ein Zeichen dafür, dass es nicht so funktionierte, wie er's wollte.

Sein Menschenbild im Alter war der dienend-tätige Mensch, was genau seinem Zeichen entspricht.

Ludwig XIV von Frankreich (5.9.1638) und Ludwig II von Bayern (25.8.1845)

Eigentlich hatten die beiden berühmten Herrscher wenig gemeinsam, außer die Liebe zu Luxus,

Pomp und Pracht; und das sind ja nicht gerade jungfräuliche Eigenschaften. Dennoch schälen sich bei einer näheren Betrachtung typische Züge dieses nüchternen Erdzeichens heraus:

Der berühmteste Herrscher Frankreichs wurde bekannt durch seinen aufwendigen Hofstaat. Doch der „Sonnenkönig" verfolgte damit recht handfeste machtpolitische Ziele. Er zog nämlich den Adel an seinen Hof und konnte ihn damit jederzeit überwachen. Luxus als Ablenkungsmittel und Kontrollgang – mal was anderes.

Seine Herrscherpflichten nahm er anscheinend auch ernst. Jedenfalls wird ihm „unermüdliche Arbeitskraft" bescheinigt, und das ist ja ganz typisch für sein Zeichen. Doch daneben verstand er es auch, das Leben zu genießen und durch geschickte Winkelzüge seine Gegner auszuschalten. In Kriegen war er weniger erfolgreich. Schließlich ist das eher die Domäne der zielstrebigen Widder.

Der bayerische „Märchenkönig" war eine höchst eigenartige Gestalt, aus der niemand so recht klug wird.

Es scheint, dass er mehr von seinem Oppositionszeichen Fisch in seinem Wesen hatte. Vor allem sein Drang, sich in die Einsamkeit zurückzuziehen und allen Repräsentationspflichten zu entsagen, weist darauf hin.

Dazu kommt seine Vorliebe für das Sanfte und für die Natur. Er hasste es, wenn Menschen oder Tiere getötet wurden. So wurde er zum Vorläufer der Friedens- und Ökobewegung, denn er lehnte Kriege ebenso ab wie die Jagd, die er in seinem Einflussbereich sogar verbieten ließ.

Ansonsten kümmerte er sich bei seinen künstlerischen Entwürfen ums Detail. Fisch und Jungfrau bewundern sich gegenseitig. Denn beide können sich gleichermaßen besessen in ihre Arbeit vertiefen.

Maria Montessori (31.8.1870)
Sie war die erste weibliche Dr. med. in Italien und wurde dann Professor für Anthropologie und Hygiene (wie passend!) an der Frauenhochschule in Rom. Sie hat sich immer mit Kindern beschäftigt und für die Abschaffung der Kinderarbeit plädiert.

Bekannt wurde sie durch ihre neue Auffassung von Erziehung, die vor allem bei Kindern im Vorschulalter anschlägt. Das Zeichen Jungfrau hat ja stark mit Lehre und Erziehung zu tun, mit dem nüchternen Aufbau von Wissen und Fähigkeiten, die dann praktisch verwertet werden können.

Zunächst kümmerte sie sich um die Erziehung geistig Zurückgebliebener. Wenn man ihnen, so ihre Argumentation, die richtigen äußerlichen Hilfsmittel zur Verfügung stellt, dann ist die wichtigste Voraussetzung für die Entwicklung ihrer Fähigkeiten erfüllt.

Dabei entdeckte sie ein Phänomen, das nach ihr benannt wurde. Wenn die Kinder ihre Hände einsetzen, dann können sie sich besonders konzentrieren. Ein dreijähriges Kind wiederholte seine Aufgabe freiwillig 24 Mal! Eine solche Erkenntnis ist typisch für ihr Zeichen: die praktische Tätigkeit mit dem Blick für Details schärft den Verstand.

Im Übrigen aber sollten Kinder sich selbst erziehen. Das ist möglich, wenn das richtige Arbeitsmaterial vorliegt. Denn dieses führt zur inneren Ordnung. Und ab da läuft alles von selbst.

Anton Bruckner (4.9.1824)
Er begann seine musikalische Karriere als Schulgehilfe und blieb dem Lernen und Lehren zeit seines Lebens treu. Zunächst wurde er Hauptschullehrer, später dann Lehrer und Professor an Wiener Hochschulen. Doch das Lernen, eine typische Jungfrau-Beschäftigung, ließ ihn nicht los. Immer wieder nahm er Unterricht in Musik, Kompositionslehre, Gesang, bildete sich fort und lebte unter dem ewigen Druck, noch nicht alles zu beherrschen. Der Drang zur Perfektion in der Arbeit hat ihn schwer behindert. Er litt unter Minderwertigkeitskomplexen. Seine musikalischen Werke wurden von anderen umgeschrieben, sodass man heute Mühe hat, die Originalversionen zu finden. Er war ein Tüftler und Fanatiker des Details – auf Kosten des großen Schwungs und einer optimistischen Weltsicht.

Mutter Teresa (27.8.1910)
Die indische Ordensgründerin aus dem kleinen Albanien (sie hieß eigentlich Agnes Gonxha Bojaxhio) erhielt für ihre aufopfernde Tätigkeit in den Slums von Kalkutta 1979 zu Recht den Friedensnobelpreis. Von den Großen der Welt wurde sie empfangen, die kleine zurückhaltende, bescheidene Frau.

Wie bei vielen Menschen kommt auch bei ihr das Oppositionszeichen durch, in diesem Fall die Fische. Sich selbstlos für andere aufopfern, keine Angst vor Schmutz, Elend und Krankheit haben, seine eigenen Bedürfnisse hinter dem Dienst am Mitmenschen völlig zurückzustellen – das sind typische Fisch-Eigenschaften. Sie hilft den Blinden und Alten gleichermaßen wie den Krüppeln, Aussätzigen und Sterbenden.

Doch die kleine Frau ist eben eine Jungfrau, und als solche realistisch, organisatorisch begabt, man könnte fast sagen: geschäftstüchtig. Kein Fisch gründet einen Orden, der nicht auch noch blüht und gedeiht. Sie gründete zahlreiche „Außenstellen" in Indien, und diese Hilfsstellen sind inzwischen über die ganze Erde verteilt. Ihre Lepra-Kolonie mit dem schönen Namen „Friedensstadt" wurde weltberühmt.

Das Chinesische Horoskop

Der chinesische Mondkalender

Die chinesische Astrologie wird vom Mond beherrscht und nicht von der Sonne, wie der westliche Tierkreis. Der chinesische Mondkalender gilt als die älteste Zeitrechnung der Menschheit. Er wurde im Jahre 2637 v. Chr. von dem chinesischen Kaiser Huang-ti eingeführt.

Über die Entstehung des chinesischen Tierkreises gibt es eine alte Legende. Diese besagt, dass Buddha, als er die Erde verlassen wollte, alle Tiere zusammenrief, um sich von ihnen zu verabschieden. Doch nur zwölf Tiere folgten seinem Ruf. Zur Belohnung schenkte Buddha jedem Tier ein Jahr und zwar in der Reihenfolge ihrer Ankunft: Zuerst traf die Ratte ein, dann kamen nacheinander der Büffel, der Tiger, die Katze, der Drache, die Schlange, das Pferd, die Ziege, der Affe, der Hahn, der Hund und zuletzt das Schwein.

Jedes Tier beherrscht in einem Zyklus ein bestimmtes Jahr. Ein voller Zyklus umfasst sechzig Mondjahre und setzt sich aus fünf einfachen Zyklen von je zwölf Jahren zusammen. Danach beginnt der Zyklus wieder von vorne. Jedes Jahr ist auf diese Weise einem der zwölf Tiere zugeordnet.

Das jeweilige Tier charakterisiert das ihm unterstellte Jahr und beeinflusst das Leben der Menschen, die in diesem Jahr geboren wurden.

Wie auch in der westlichen Astrologie werden den zwölf chinesischen Tierkreiszeichen bestimmte

Qualitäten und Elemente zugeordnet, die sich jedoch von denen des westlichen Tierkreises unterscheiden. Dies sind die Qualitäten Yin und Yang und die Elemente Wasser, Feuer, Holz, Metall und Erde.

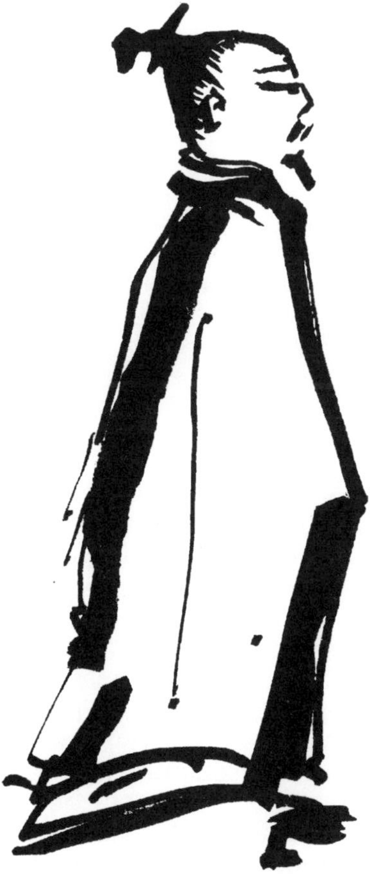

Die Bedeutung von Yin und Yang

Yin und Yang sind zwei Begriffe, die aus der alten chinesischen Philosophie stammen. Nach dem taoistischen Glauben existiert das Leben mit all seinen Erscheinungsformen durch die Bewegung von Energie zwischen zwei Polen, die als Yin und Yang bezeichnet werden. Sie sind die polare Energiemanifestation der kosmischen Urenergie, genannt Chi.
Yin und Yang sind ein Gegensatzpaar – wie männlich und weiblich, positiv und negativ oder zentripetal und zentrifugal –, durch das Leben entsteht. Die Polarität dieser Gegensätze finden wir in allen Lebensformen wieder. Dabei repräsentiert Yin den weiblichen Pol und wird mit den rezeptiven Kräften in Verbindung gebracht. Man ordnet Yin die Empfänglichkeit, die Intuition, die Nachgiebigkeit usw. zu. Yang ist der männliche, aktive Pol, dem die Initiative, das rationale Handeln, das logische Denken usw. entspricht.

Yin und Yang bilden eine Einheit, da sie sich genau ergänzen. Diese Einheit wird durch einen Kreis dargestellt – das Urprinzip allen Seins und Symbol der Harmonie. Das Gleichgewicht dieser beiden Kräfte ist daher auch verantwortlich für die Herstellung und Erhaltung der Harmonie, sei es im Körper, in der Seele oder im gesamten Kosmos. Aus diesem Grund hat auch jeder Mann (Yang) einen weiblichen Teil (Yin) in sich und jede Frau (Yin) einen männlichen (Yang), eine Vorstellung, die wir auch aus der westlichen Psychologie kennen (die so genannte Anima des Mannes und der so genannte Animus der Frau).

Die chinesischen Tierkreiszeichen werden entsprechend dieser Lehre in sechs Yin-Zeichen und sechs Yang-Zeichen unterteilt. Man sagt, der Yin-Typ sei eher introvertiert, fürsorglich, gefühlsbetont und intuitiv, während der Yang-Typ eher extrovertiert, individualistisch und unabhängig ist. Der Yin-betonte Mensch versucht sich im Kontakt mit anderen Menschen zu verwirklichen, während der Yang-betonte sein Gleichgewicht in sich selbst finden will. Yin-Menschen handeln eher überlegt, Yang-Menschen handeln meist aus einem spontanen Impuls heraus.

Die Tierkreiszeichen, die dem Yin-Prinzip zugeordnet werden, sind folgende: Ratte, Büffel, Katze, Affe, Hund und Schwein. Zum Yang-Prinzip gehören Tiger, Drache, Schlange, Pferd, Ziege und Hahn.

Die fünf Elemente

In der chinesischen Astrologie gibt es fünf Elemente: Metall, Wasser, Holz, Feuer und Erde. Wie Yin und Yang sind auch die fünf Elemente alle gleichwertig und hängen voneinander ab. Alle Elemente stehen in einer Wechselbeziehung zueinander, die wiederum für das Gesamtgleichgewicht ausschlaggebend ist.

Jedes Jahr wird mit einem Element verbunden. Daraus ergibt sich, dass jedes der zwölf Tierkreiszeichen wiederum mit einem bestimmten Element kombiniert wird. Um das Element zu finden, das Ihrem Geburtsjahr zugeordnet wird, können Sie den folgenden Schlüssel verwenden.

Wenn Ihr Geburtsjahr am Ende folgende Ziffern hat, entspricht ihm das in der Tabelle angegebene Element:

1 und 6 = Wasser
2 und 7 = Feuer
3 und 8 = Holz
4 und 9 = Metall
5 und 0 = Erde

Das Element Wasser

Menschen, die in einem Wasser-Jahr geboren wurden, sind gefühlsbetont und weich. Aber sie leben und handeln nach dem Motto: „Steter Tropfen höhlt den Stein". Mit ihrer Ausdauer schaffen sie es, selbst den härtesten Fels zu

Sand zu zermahlen. Darüber hinaus hat Wasser die Eigenschaft, sehr flexibel zu sein. Dies bedeutet einerseits, dass Wasser-Menschen über eine gute Anpassungsfähigkeit verfügen, andererseits aber auch gerne den Weg des geringsten Widerstandes gehen. Besonders ausgeprägt ist die Intuition der in einem Wasser-Jahr Geborenen.

Das Element Feuer

Das Element Feuer verleiht Entschlusskraft und Selbstsicherheit. Menschen, die unter diesem Element geboren wurden, ergreifen gerne die Initiative und sind voller Schwung und Tatendrang. Im Gegensatz zu Wasser-Menschen sind sie eher ungeduldig. Sie reagieren sehr impulsiv, wobei sie oft dominant und egoistisch wirken. Wie ihr Element, besitzen sie ein feuriges Temperament, und wenn es mit ihnen durchgeht, können sie ziemlich hitzköpfig sein. Wenn der Feuer-Geborene sich jedoch im Zaum hält, liegt sein stärkstes Talent darin, die Dinge ohne zu zögern anzupacken und zielstrebig zu Ende zu führen. Was dabei herauskommt, ist meist sehr erfolgreich!

Das Element Holz

Menschen, die in einem Jahr des Holzes geboren wurden, sind sehr umgänglich, einfühlsam und vertrauenswürdig. Sie verstehen es ausgezeichnet, gemeinsam mit anderen große Projekte zu realisieren, wobei sie die Lorbeeren nicht für sich alleine ernten wollen. Holz-Geborene besitzen ein großzügiges Denken und viel Toleranz. Sie verfügen über ein gesundes Maß an Materialismus, den sie sich gut zu Nutze machen können. Das Element Holz birgt die Gefahr, dass man sich zu viel zumutet oder seine Möglichkeiten überschätzt.

Im besten Falle aber liegt die Begabung dieses Elements in der Realisierung großer Pläne und Aufgaben.

Das Element Metall

Wie das Element Metall, wirkt der in einem Metall-Jahr Geborene recht unbeugsam und starrköpfig. Wenn er sich ein Ziel gesetzt hat, lässt er sich durch nichts davon abbringen, es auch zu erreichen.

Dabei zieht er den Alleingang vor und lehnt jede Einmischung in seine Angelegenheiten energisch ab. Metall-Menschen müssen lernen, nicht immer mit dem Kopf durch die Wand rennen zu wollen, wenn die Sympathie anderer Menschen nichts aufs Spiel gesetzt werden soll – obgleich das „Wände einrennen“ zugegebenermaßen eine der stärksten Seiten des Metall-Typs ist!

Das Element Erde

Der in einem Erde-Jahr Geborene ist praktisch und realistisch. Er besitzt einen gesunden Unternehmungsgeist, wobei er sich aber nie in unrealistische Pläne versteigt, sondern vielmehr solide Projekte auf die Beine stellt.

Seine Handlungen sind stets wohl überlegt und gründlich durchdacht, weshalb das, was er tut, meist auch bestens funktioniert. Sein Verantwortungsbewusstsein und seine Disziplin verdienen aufrichtige Bewunderung, obwohl er auf Vertreter anderer Elemente oft etwas zu konservativ und nüchtern wirkt. Doch alles, was ein Erdmensch anpackt, hat Hand und Fuß – und darüber hinaus ein absolut sicheres Fundament!

Der Weggefährte

Wie in der westlichen Astrologie spielt die Geburtszeit auch in der chinesischen eine besondere Rolle. Im westlichen Horoskop ergibt sich aus der Geburtszeit der so genannte Aszendent, dem im chinesischen der „Weggefährte“ entspricht.

Die vierundzwanzig Stunden des Tages werden wiederum in zwölf Abschnitte unterteilt, die jeweils einem Tierkreiszeichen zugeordnet werden. Dabei beginnt der Tag des chinesischen Mondkalenders um 23 Uhr. Der Weggefährte beeinflusst die Qualität des Tierkreiszeichens, unter dem man geboren ist.

Jede der zwölf möglichen Kombinationen von Tierkreiszeichen und Weggefährten bewirkt eine spezielle Färbung der individuellen Persönlichkeit.

Um herauszufinden, welcher Weggefährte ihr Tierkreiszeichen begleitet, suchen Sie bitte in der folgenden Tabelle Ihre Geburtszeit. Das Tier, das in diesen Zeitabschnitt fällt, ist Ihr Weggefährte: Wenn Sie wissen wollen, wie der Weggefährte Ihr Tierkreiszeichen beeinflusst, lesen Sie bitte unter beiden Zeichen nach und kombinieren Sie die Eigenschaften beider miteinander. Sollten Sie unter einem Doppelzeichen geboren sein, das heißt, nach Ihrem Geburtsjahr und Ihrer Geburtsstunde sind Sie beispielsweise Ratte/Ratte, bedeutet dies, dass die Qualitäten dieses Tierkreiszeichens in Ihrer Persönlichkeit besonders markant sind und in Ihrem Leben besonders stark zum Ausdruck kommen.

Stundentabelle

23.00 - 1.00 Uhr – Ratte

1.00 - 3.00 Uhr – Büffel

3.00 - 5.00 Uhr – Tiger

5.00 - 7.00 Uhr – Katze

7.00 - 9.00 Uhr – Drache

9.00 - 11.00 Uhr – Schlange

11.00 - 13.00 Uhr – Pferd

13.00 - 15.00 Uhr – Ziege

15.00 - 17.00 Uhr – Affe

17.00 - 9.00 Uhr – Hahn

19.00 - 21.00 Uhr – Hund

21.00 - 23.00 Uhr – Schwein

Die Ermittlung Ihres chinesischen Tierkreiszeichens

Um Ihr „Haupttierkreiszeichen“, das so genannte „Jahreszeichen“, zu ermitteln, benötigen Sie die Jahreszahlentabellen, die Sie vor der Beschreibung jedes Tierkreiszeichens finden. Suchen Sie in den zwölf Tabellen nach Ihrem Geburtsdatum.

Auch hier unterscheidet sich der chinesische Kalender vom westlichen. Wie Sie aus den Tabellen ersehen werden, beginnt die Einteilung der Jahre nicht am ersten Tag des Monats. Das Jahr der Ratte beginnt beispielsweise am 31.01.1900 und endet am 19.02.1901. Daher sind Tabellen, die nur die Jahreszahlen angeben, ungenau. Wer am 10.02.1901 geboren ist, ist Ratte. Wer hingegen am 10.03.1901 geboren ist, ist Büffel.

Beispiel
Geburtsdatum: 22.01.1950, 4.30 Uhr

Um Ihnen die Suche in den zwölf Tabellen zu erleichtern, hier eine kleine Hilfestellung:

Die chinesischen Tierkreiszeichen, beginnend mit dem Zeichen Ratte im Jahre 1900, halten immer die gleiche Reihenfolge ein.
Das heißt:

1900 = Ratte, 1901= Büffel, 1902= Tiger, 1903= Katze, 1904 = Drache, usw. bis 1911 = Schwein. Das Jahr 1912 ist dann wieder ein Jahr der Ratte, 1913 = Büffel usw.

Wenn Sie, ausgehend vom Jahr 1900, solange mit 12 multiplizieren, bis Sie Ihr Geburtsjahr erreichen oder annähernd erreichen, können Sie bei jedem Zwölfer-Abschnitt mit der Ratte beginnen und bis zu Ihrem Geburtsjahr weiterzählen:

In unserem Beispiel heißt das: in (19)50 geht 12 viermal, Rest 2. Daraus folgt: 12 x 4 = (19)48 + 2 = (19)50.

Daraus ergibt sich: 1948 ist wieder ein Jahr der Ratte, 1949 ein Jahr des Büffels und 1950 ein Jahr des Tigers.

Da Geburtsdaten, die in die Monate Januar und Februar fallen, immer genau im Zeichenwechsel des chinesischen Tierkreises liegen, müssen Sie in diesem Fall in der Tabelle vor und nach dem Zeichen Tiger nach Ihrem Geburtsdatum suchen.

In unserem Beispiel finden wir den 22.01.1950 nicht in der Tabelle des Zeichens Tiger, da dieses erst ab dem 17.02.1950 beginnt. Da unser Datum vor dem 17.02.1950 liegt, suchen wir nun bei dem Zeichen, das vor dem Tiger kommt, nämlich Büffel.

Ihren Weggefährten finden Sie leichter: Sehen Sie in der Stundentabelle nach, in welchem Zeitabschnitt Sie geboren sind.

In unserem Beispiel ist die Geburtszeit 4.30 Uhr. In der Tabelle finden wir:

3.00 – 5.00 Uhr – Tiger.

Wenn Sie um 4.30 Uhr geboren sind, ist Ihr Weggefährte Tiger.

Auch Ihr Element finden Sie sehr leicht: Schlagen Sie dazu die Elementen-Tabelle auf. In unserem Beispiel endet das Geburtsjahr mit der Zahl 0. In der Tabelle finden wir:

5 und 0 = Erde.

Wenn Sie im Jahr 1950 geboren sind, ist Ihr Element Erde. Unser Beispiel ergibt insgesamt: Büffel/Tiger/Erde!

Um zu erfahren, welche individuelle Persönlichkeit der unter diesem Zeichen Geborene hat, lesen wir in Bezug auf unser Beispiel nun als Erstes unter „Büffel“ nach, dann unter „Tiger“ und „Erde“.

Um ein ganz exaktes Bild von Ihrer persönlichen Veranlagung zu erhalten, die Sie mit in dieses Leben gebracht haben, sollte auch das westliche Horoskop berücksichtigt werden. Die chinesischen Tierkreiszeichen, so wie sie hier dargestellt sind, können Ihnen zusätzliche Informationen über Ihre Persönlichkeit liefern. Man sollte sich aber immer vergegenwärtigen, dass die Kombination aller Zeichen Ihres Gesamthoroskops erst Ihre Individualität widerspiegelt, die bei der Vielzahl der Kombinationsmöglichkeiten tatsächlich einmalig ist.

Die zwölf chinesischen Tierkreiszeichen

Ratte

Yin; festes Element: Wasser
Chinesischer Name: Schu

Jahreszahlentabelle Ratte

31.1.1900 – 19.2.1901
18.2.1912 – 6.2.1913
5.2.1924 – 25.1.1925
24.1.1936 – 11.2.1937
10.2.1948 – 29.1.1949
28.1.1960 – 15.2.1961
15.2.1972 – 2.2.1973
2.2.1984 – 19.2.1985
19.2.1996 – 6.2.1997
7.2.2008 – 25.1.2009

(Die angegebenen Daten beziehen sich auf den ersten und den letzten Tag im Jahr des betreffenden Zeichens.)

Die Ratte-Persönlichkeit
Ganz im Gegensatz zu der Vorstellung, die wir von der Ratte im Naturreich haben, sagt man den in einem Ratte-Jahr geborenen menschlichen Vertretern dieses Tierkreiszeichens ausgesprochen positive Qualitäten nach. Es heißt, die Ratte sei attraktiv, charmant, liebenswert und verführerisch. Darüber hinaus zeigt sie auch noch einen Hang zum Besonderen.

Der Ratte-Geborene tanzt gerne aus der Reihe – und auch gerne auf dem Glatteis. Mittelmäßigkeit ist ihm ein Gräuel und Langeweile sein ärgster Feind. Aus diesem Grund übertritt er mit Vorliebe Verbote, Anstandsregeln und Tabus. Sie können sich sicherlich vorstellen, dass diese Mischung aus Exzentrik und kapriziösem Verhalten auf den ersten Blick eine starke Faszination ausüben kann.

Die Ratte besitzt eine fast magische Anziehungskraft auf ihre Mitmenschen, was nicht verwundert, wenn man ein wenig tiefer in die Geheimnisse ihrer Persönlichkeit eindringt.

Ratte-Menschen geben nur ungern ihre tiefen und innersten Geheimnisse preis. Der Wunsch des Ratte-Menschen, lieber selbst alles im Griff zu haben, resultiert aus einem extremen Sicherheitsbedürfnis. Und um dieses Bedürfnis zu befriedigen, ist er mit einem gesunden Maß an Aggressivität, Durchsetzungswillen, Berechnung und Listigkeit ausgestattet.

Doch wie bei allem im Leben gibt es auch hier eine Kehrseite der Medaille: Ratte-Menschen sind tatkräftig, kreativ, phantasiereich, originell, kontaktfreudig und unterhaltsam. Kein Wunder, dass sie ein wahres Führungstalent besitzen, wie wir bei den berühmten Vertretern dieses Tierkreiszeichens sehen werden.

Die Ratte und ihr Gefühlsleben

Ratte-Menschen sind ausgesprochen gefühlsbetont und vor allem sehr, sehr leidenschaftlich.

Wenn sie glücklich sind und sich geliebt und verstanden fühlen, mangelt es ihnen nicht an Treue. Darüber hinaus besitzen Sie mit der Liebe einer Ratte nicht nur ihre Treue, sondern auch ihre Kameradschaft und volle Unterstützung. Vor anderen verteidigt die Ratte ihren Partner bis aufs Messer.

Doch eines sollten Sie vermeiden: Enttäuschen Sie Ihre Ratte nicht, und lassen Sie sie nicht allzu oft allein. Obwohl wir es in diesem Fall mit einem wahrhaftigen Außenseiter zu tun haben, hat der Ratte-Geborene viel Familiensinn.

Wie wir bereits wissen, legen Ratten keinen besonderen Wert auf Traditionen und Konventionen. Doch das Chaos, das einem bei oberflächlicher Betrachtung im Heim einer Ratte entgegenschlägt, entpuppt sich bei genauerem Hinsehen als wohl geordnet. Es ist eben alles nicht ganz so, wie man es gewöhnt ist, und schon gar nicht, wie man es erwartet.

Hier einige Tipps für ein harmonisches Zusammenleben mit Ihrem Rattepartner. Als Erstes sollten Sie Ihre leidenschaftlichen Gefühle auf keinen Fall verbergen. Im Gegenteil: Ihre Ratte liebt Vulkanausbrüche! Wenn Sie Ihre Ratte betrügen, müssen Sie damit rechnen, dass sie sofort zum Gegenschlag ausholt und sie – fast augenblicklich – „zurück-betrügt“.

Falls Ihre Ratte Sie betrügt, war dies ein reines Versehen. Sie werden sicherlich Verständnis dafür aufbringen, sobald Ihre Ratte ihr Plädoyer gehalten hat. Sie werden ein aufrichtiges Schuldeingeständnis mit all den dazugehörigen und absolut einsichtigen Gründen für dieses Missgeschick erhalten.

Ratte-Menschen sind sehr gute Eltern. Wenn Sie Ihre Ratte nicht zu einer sofortigen Annullierung der Ehe zwingen wollen, sollten Sie Ihre Flitterwochen nicht unbedingt pauschal buchen. Geregelte Frühstückszeiten, Vollpension und womöglich ein fester Liegestuhl mit Sonnenschirm am Strand sind für den Ratte-Geborenen ein sicherer Scheidungsgrund.

Und noch etwas, wie Sie das Herz Ihrer Ratte betören können: Schenken Sie Ihrer Ratte zum Geburtstag nicht immer nur Dinge, die wir gewöhnlich als nützlich betrachten. Sicherlich liebt Ihre Ratte-Dame einen gut ausgestatteten Haushalt und Ihr Ratte-Mann eine beeindruckende Bücherwand.

Der Weg zum Erfolg im Zeichen Ratte

Die Ratte liebt ihre Unabhängigkeit. Darüber hinaus ist sie ein ausgesprochener Individualist. Ihr Talent besteht als Erstes darin, zu beweisen, dass alle festen Regeln und Gewohnheiten mit einem Handstreich zunichte gemacht werden können.

Wie klettert eine Ratte die Erfolgsleiter hinauf? Nun, bekanntlich sind Ratten Nagetiere. Also wird die Ratte den sprichwörtlichen Stuhl nicht absägen, sondern durchnagen. Weil sie dies vornehmlich im Dunkeln tut, kann es sein, dass Sie nichts davon bemerken, bis Sie umkippen.

Berühmte Ratte-Persönlichkeiten
Konrad Adenauer, Johann Sebastian Bach, Marlon Brando, Prinz Charles, Doris Day, Mata Hari, Wolfgang Amadeus Mozart, Ronald Reagan, William Shakespeare, Donna Summer.

Büffel

Yin; festes Element: Wasser
Chinesischer Name: Nyu

Jahreszahlentabelle Büffel

19.2.1901 –	8.2.1902
6.2.1913 –	26.1.1914
25.1.1925 –	13.2.1926
11.2.1937 –	31.1.1938
29.1.1949 –	17.2.1950
15.2.1961 –	5.2.1962
3.2.1973 –	22.1.1974
20.2.1985 –	8.2.1986
7.2.1997 –	27.1.1998
26.1.2009 –	13.2.2010

Die Büffel-Persönlichkeit
Der Büffel ist ein sehr erdverbundenes Zeichen. Das bedeutet, dass er es mit seiner bewundernswerten Geduld und Ausdauer Schritt für Schritt zu beträchtlichem Wohlstand bringt. Seine Hartnäckigkeit und sein Pflichtbewusstsein sind der Grund, warum ihm manche Menschen vorwerfen, er sei ein „Dickschädel“. Er ist ein unermüdlicher Arbeiter, und alles, was er anpackt und angeht, hat Hand und Fuß.

Alles, was ein Büffel-Geborener anpackt, gelingt auch meist. Wenn er eine Aufgabe übernimmt, plant er sie mit Methode und führt sie zuverlässig zu Ende. Dabei nimmt er sich Zeit, anstatt überhastet und unbedacht darauf los zu stürmen.

Wenn er dies erledigt hat, sollten Sie sich in Acht nehmen, denn plötzlich stürmt der Büffel los. Wenn dieser kraftstrotzende Zeitgenosse erst einmal aktiv geworden ist, kann ihn nichts mehr bremsen, und Sie sollten besser das Feld räumen, wenn er über die Prärie donnert.

Manchmal macht der Büffel den Eindruck, als sei er die Ruhe selbst. Das ist er auch, solange Sie so klug sind, ihn nicht zu provozieren. Wenn ein Büffel tobt, können Sie sich nur noch in Sicherheit bringen, bis sich der Sturm wieder gelegt hat!

Obwohl der Büffel ein Herdentier ist, bleibt er immer ein Individualist. Er liebt seine Unabhängigkeit, ist originell und lebt nach seinen eigenen Prinzipien. Versuchen Sie daher nicht, ihn zu ändern. Vielmehr vertrauen Sie ihm, so wie er ist. Und das können Sie blind, denn es heißt, der Büffel sei das vertrauenswürdigste, ehrlichste und treueste Zeichen.

Der Büffel und sein Gefühlsleben

Obwohl der Büffel-Geborene seine Unabhängigkeit liebt und so leben will, wie es ihm gefällt, besitzt er all die Eigenschaften, die man an einem Lebenspartner schätzt. Sicherheit spielt bei einem Büffel eine große Rolle. Er geht feste und dauerhafte Beziehungen ein und ist seinem Partner treu ergeben. Er hält nichts von kurzen Liebesromanzen und flüchtigen Abenteuern, weshalb etwas flatterhaft veranlagte Menschen bei ihm auf Granit beißen.

Wenn Sie einen Büffel lieben, sollten Sie sich an praktischen Dingen erfreuen können. Ihr Büffel schätzt es nicht, sein Geld für unnützen Firlefanz auszugeben. Und für überschwängliche Liebesbeteuerungen hat er meistens keine Zeit.

Wie Sie bereits wissen, reagiert der Büffel sehr empfindlich auf das sprichwörtliche rote Tuch. Deshalb sind Sie gut beraten, es nicht unbedingt auf die Spitze zu treiben.

Wenn Sie ein Heim und eine Familie gründen wollen, ein gesichertes Einkommen und Ihren Lebensabend mit einem beachtlichen Bankguthaben und einem komfortablen Eigenheim verbringen wollen, sollten Sie sich einen Büffel an Land ziehen.

Der Weg zum Erfolg im Zeichen Büffel
Wie wir bereits wissen, ist der Büffel ein zäher, zielstrebiger und ausdauernder Arbeiter.

Darüber hinaus lässt er sich keine Vorschriften machen, dafür ist er schlichtweg zu unabhängig und individualistisch veranlagt. Vielmehr entspricht es eher seiner Natur, die Regeln selbst zu bestimmen. Aus diesem Grund ist der Büffel-Geborene nicht dazu bestimmt, eine Position zu bekleiden, in der er nichts zu sagen hat. Der Büffel hat das Gefühl, dass er seine Arbeit selbst am besten erledigen kann. Daher lehnt er Hilfe meistens ab.

Büffel sind keine Träumer und bauen keine Luftschlösser. Sie sind praktisch und realistisch, und so gehen sie auch an ihre Projekte heran. Daher kann man sicher sein, dass ein Büffel-Geborener die Pläne, die er in Angriff nimmt, auch verwirklichen wird – und noch dazu mit großem Erfolg.

Berühmte Büffel-Persönlichkeiten
Aristoteles, Richard Burton, Willy Brandt, Gary Cooper, Charlie Chaplin, Prinzessin Diana, Walt Disney, Hermann Hesse, Hildegard Knef, Jack Nicholson, Robert Redford, Vanessa Redgrave.

Tiger

Yang; festes Element: Holz
Chinesischer Name: Hu

Jahreszahlentabelle Tiger

8.2.1902 –	29.1.1903
26.1.1914 –	14.2.1915
13.2.1926 –	2.2.1927
31.1.1938 –	19.2.1939
17.2.1950 –	6.2.1951
5.2.1962 –	25.1.1963
23.1.1974 –	10.2.1975
9.2.1986 –	28.1.1987
28.1.1998 –	15.2.1999
14.2.2010 –	2.2.2011

Die Tiger-Persönlichkeit

Der Tiger gilt als ein Glückszeichen. In China schreibt man diesem königlichen Tier Macht und Kühnheit zu.

Daher der Glaube, der Tiger sei ein Zeichen des Schutzes, das Kraft verleiht. Die chinesischen Astrologen sagen jedoch auch, dass das Leben der Tiger-Geborenen sehr risikoreich sein kann. Der Tiger gilt als wagemutig, leichtsinnig und abenteuerlustig, was ihn manchmal in Gefahr bringen kann.

Der Tiger-Geborene sprüht vor Lebenslust. Er ist ständig in Aktion, und seine Energie scheint unerschöpflich.

Sein unerschütterlicher Optimismus bewahrt ihn davor, sich um materielle Dinge und ein gesichertes Leben kümmern zu müssen. Der Tiger sorgt sich wenig darum, Geld zu verdienen.

Trotzdem hat er meistens genug Geld und gibt es genauso großzügig wieder aus, um bald darauf wieder im Geld zu schwimmen. Man möchte nun glauben, dass er dafür hart arbeiten muss oder eine geniale Erfindung gemacht hat. Aber dem ist nicht so. Der Tiger hat ganz einfach Glück – und eine Menge Fans, die ihn immer gerne großzügig unterstützen.

Tiger sind leidenschaftlich, gefühlvoll und sehr menschlich. Logischen Argumenten gegenüber sind Tiger nicht so aufgeschlossen, dafür aber umso mehr Lob und Streicheleinheiten.

Das Leben des Tigers ist oft so chaotisch, dass ein anderer glatt Selbstmord begehen würde. Aber nicht so der Tiger, den Sodom und Gomorrha noch lange nicht aus der Fassung bringen können. Und wenn ihm eine Sache doch etwas zu heiß wird, rettet er sich mit einem eleganten Sprung und landet wieder sicher auf allen Vieren!

Obwohl man es nach all dem kaum glauben möchte, besitzen Tiger eine ausgesprochen treue Seele. Sie sind großzügig und haben einen ausgeprägten Gerechtigkeitssinn. Freiheit geht ihnen über alles, vor allem ihre eigene. Jeder, der versucht, sie einzuengen oder ihnen sogar Zwänge oder Regeln aufzuerlegen, lernt das Raubtier in ihnen kennen.

Der Tiger und sein Gefühlsleben

Es ist nicht schwer zu erraten, dass der Tiger sich nicht gerne an die Kette legen lässt. Sollten Sie es dennoch versuchen, werden Sie sehr bald feststellen, dass Sie an Ihrem faszinierenden König des Dschungels keinen besonderen Spaß mehr haben. Aber eines kann Sie beruhigen: Der Tiger ist von Natur sehr treu.

Tiger sind überaus gefühlvoll und großzügig. Darüber hinaus hassen sie jegliche Heuchelei. Was ein Tiger sagt, das meint er auch so. Daher wird er Sie auch nicht belügen.

Wenn Sie sich einen Tiger einfangen wollen, machen Sie sich rar. Tiger machen nicht gerne leichte Beute und lieben die Eroberung.

Ein Tiger kommt sein Leben lang nicht aus der Sturm-und-Drang-Zeit heraus. Wenn Sie sich also zu einem Tiger gesellen wollen, ist das Einzige, was absolut sicher ist, dass es Ihnen nie langweilig wird.

Der Weg zum Erfolg im Zeichen Tiger

Mit seiner Dynamik und seinem Optimismus scheut der Tiger kein Risiko. Er lässt sich auf die waghalsigsten Unternehmungen im blinden Vertrauen ein, dass ihm das Glück schon hold sein wird.

In einer Position, in der seine Freiheit eingeschränkt ist, wird man einen Tiger kaum finden und wenn, dann nicht sehr lange. Klarer Fall, dass er der Herrscher ist, und wer dies in Frage stellt, wird sehr bald eines Besseren belehrt werden.

Der Tiger ist ein Erfolgstyp. Aber er will im Alleingang zu Ruhm und Ehren gelangen und lehnt jede Einmischung in seine Angelegenheiten ab. Nur wenn er das Gefühl hat, es ganz alleine geschafft zu haben, empfindet er seinen Sieg als wahren Triumph.

Auch im Berufsleben braucht der Tiger Bewegung. Daher kann es passieren, dass er öfter eine neue Beschäftigung braucht, weil ihm die alte zu langweilig geworden ist.

Als Selfmade-Typ wird er wohl kaum beständig eine Stufe nach der anderen die Karriereleiter hinaufklettern. Er nimmt die ganze Leiter mit einem

Satz, und wenn ihm das nicht auf Anhieb gelingt, probiert er lieber gleich eine andere Leiter aus.

Berühmte Tiger-Persönlichkeiten
Prinzessin Anne, Königin Elisabeth II., Alec Guiness, Thor Heyerdahl, Marilyn Monroe, Elisabeth Kübler-Ross, Romy Schneider.

Katze

Yin; festes Element: Holz
Chinesischer Name: Tu

Jahreszahlentabelle Katze

29.1.1903 – 16.2.1904
14.2.1915 – 3.2.1916
2.2.1927 – 23.1.1928
19.2.1939 – 8.2.1949
6.2.1951 – 27.1.1952
25.1.1963 – 13.2.1964
11.2.1975 – 30.1.1976
29.1.1987 – 16.2.1988
16.2.1999 – 4.2.2000
3.2.2011 – 22.1.2012

Die Katze-Persönlichkeit
Allen Sprichwörtern zufolge hat die Katze sieben Leben. Ebenso herrscht in China der Glaube, dass das Tierkreiszeichen der Katze ein Symbol der Langlebigkeit ist. Die Katze gibt ein Bild vollendeter Grazie, Eleganz und Harmonie ab. Wie ihre Artgenossen aus dem Tierreich sind auch die menschlichen Vertreter dieses Zeichens ausge-

sprochen geschmeidig und gewandt. Sie verfügen über diplomatisches Geschick und vermeiden, wenn möglich, jeden Streit oder Konflikt.

Katzen sind eher vorsichtig und gehen der Gefahr aus dem Weg. Wenn man sie jedoch in die Enge treibt und ihnen kein anderer Ausweg bleibt, zeigen sie die Krallen und beweisen, dass sie doch eine entfernte Verwandschaft mit einem Raubtier haben.

Mit ihrer warmherzigen, feinfühligen und geselligen Art sind Katzen sehr beliebt als Gastgeber, Freund, Kollege und Partner. Sie glänzen gerne in einem kleinen, vertrauten Kreis, während sie draußen in der Welt eher zurückhaltend und vorsichtig sind.

Alles Unvorhergesehene ist einem Katze-Geborenen sehr verhasst. Ein unerwartetes Ereignis, auf das er sich nicht lange vorbereiten konnte, bringt ihn völlig aus dem Gleichgewicht.

Eine Katze erreicht ihre Ziele niemals dadurch, dass sie mit dem Kopf durch die Wand rennt. Im Gegenteil, sie setzt ihren Willen mit Takt und viel Geschick durch. Sie besitzt ein ausgeprägtes Fingerspitzengefühl für die Art, wie man mit anderen Menschen am besten verhandelt. Daher hat sie auch eine glückliche Hand für gute Geschäfte.

Katzen sind auf charmante und ganz bezaubernde Art raffiniert. Sie schaffen es, ihren ärgsten Feind so geschickt zu umgarnen und ihm so gekonnt zu schmeicheln, dass er glatt dahinschmilzt und ins feindliche Lager überwechselt.

Stress ist für die Katze ein Fremdwort, und wenn jemand versucht, sie anzutreiben, verkriecht sie sich erst einmal hinter dem Ofen, und niemand kann sie so schnell wieder hervorlocken. Katzen sind die geborenen Lebenskünstler.

Die Katze und ihr Gefühlsleben
Katzen sind verständnisvoll und feinfühlig. Wenn Sie jemandem Ihr Herz ausschütten wollen, sind Sie bei einer Katze am richtigen Platz. Wenn Sie aber jemanden brauchen, der Sie bis aufs Messer verteidigt oder sein letztes Hemd für Sie opfert, sollten Sie besser einen Tiger oder einen Hund aufsuchen. Einer Katze dürfen Sie nicht allzu sehr zur Last fallen. Das bringt sie aus der Ruhe!

Da Katzen sehr viel Liebe und Zärtlichkeit brauchen und darüber hinaus auch noch überaus intelligent sind, wissen sie genau, wie sie sich ihre Bedürfnisse erfüllen können. Sie umschmeicheln ihre Auserwählten so liebevoll, dass diese ihren Liebesbezeugungen nicht widerstehen können und meistens nachgeben.

Der Katze-Geborene braucht ein sicheres, warmes Nest, in dem er sich rundherum wohlfühlen kann. Wenn er es einmal gefunden hat, wird er es so schnell nicht wieder verlassen.

Der Weg zum Erfolg im Zeichen der Katze
Die Katze ist der geborene Diplomat, daher kommt sie gut mit anderen Menschen zurecht.

Auch das Rampenlicht tut ihren Augen weh, und sie macht nicht gerne viel Lärm um sich. Ihr Privatleben ist der Katze wesentlich wichtiger als beruflicher Erfolg.

Aber in manchen Situationen macht die Katze das Rennen, während einige Vertreter anderer Zeichen gar nicht bemerken, dass sie gerade dabei sind, von diesem harmlosen, stets freundlichen und zuvorkommenden Wesen elegant und charmant vor die Tür gesetzt zu werden.

Aus sicherer Distanz bewahrt sie den vollen Überblick, und ihren wachsamen Augen und Ohren entgeht nichts, was von Bedeutung ist.

Berühmte Katzen-Persönlichkeiten
Albert Einstein, Agatha Christie, Joachim Fuchsberger, Dieter Hildebrandt, Gina Lollobrigida, Karl May, Henry Miller, Roger Moore, Frank Sinatra, Tina Turner, Orson Welles.

Drache

Yang; festes Element: Holz
Chinesischer Name: Lung

Jahreszahlentabelle Drache

16.2.1904 – 4.2.1905
3.2.1916 – 23.1.1917
23.1.1928 – 10.2.1929
8.2.1940 – 27.1.1941
27.1.1952 – 14.2.1953

13.2.1964 – 2.2.1965
31.1.1976 – 17.2.1977
17.2.1988 – 5.2.1989
5.2.2000 – 23.1.2001
23.1.2012 – 9.2.2013

Die Drache-Persönlichkeit
Dieses Fabeltier sprüht vor Vitalität und Energie. Drachen sind faszinierend und erschöpfend zugleich. Was sie am meisten hassen, ist der fade Alltag mit seiner farblosen Routine. Daher tun sie alles, um ihr Leben möglichst chaotisch zu gestalten und überall Unordnung zu schaffen, um jeglicher Monotonie vorzubeugen.

In China gilt der Drache als das Symbol des Kaisers und der Macht.

Aber es gibt einen kleinen Trick, wie man sich bei einem Drachen Gehör verschaffen kann: Rühren Sie an sein großes Herz!

Wenn ein Drache kämpft, erscheint ein Vulkanausbruch im Vergleich dazu eher harmlos. Wie ein Feuersturm fegt er übers Land und hinterlässt eine Wüste, ohne mit der Wimper zu zucken.

Der Drache braucht eine Aufgabe, für die er seine überschüssige Kraft einsetzen kann, sonst steht er ständig unter Druck, und das bekommt ihm nicht besonders gut.

Auch in den größten Schwierigkeiten lässt sich ein Drache nicht unterkriegen. Er gibt sich niemals geschlagen, selbst wenn eine Sache noch so aussichtslos erscheint. Und kommen Sie ihm nicht mit Vernunft oder logischen Argumenten! Dann verrennt er sich nämlich nur noch mehr!

Der Drache und sein Gefühlsleben

Nach allem, was Sie bereits über den Drachen wissen, können Sie sich sein Gefühlsleben sicherlich lebhaft vorstellen. Der Drache besitzt ein riesengroßes Herz und ein feuriges Temperament. Wenn er liebt, dann mit Haut und Haaren und ohne lange Umschweife.

Wenn Sie von einem Drachen erobert worden sind, werden Sie sich als Auserwählter und obendrein als der glücklichste Mensch der Welt vorkommen! Drachen sind nämlich unwiderstehlich. An der Seite eines Drachen erstrahlt man selbst in seinem schönsten Licht. Sie fühlen sich in seiner Gegenwart einfach großartig.
Einen Drachen zu erobern, ist nicht einfach, denn er tut das sehr gerne selbst.

Der Weg zum Erfolg im Zeichen Drache

Wenn ein Drache die Erfolgsleiter erklimmt, bleibt dies nicht unbemerkt. Er nimmt sie im Sturm, wobei er kaum Notiz davon nimmt, wenn andere dabei auf der Strecke bleiben. Dort, wo alle anderen längst aufgegeben haben, wird es für den Drachen erst richtig interessant. Wenn Sie ihn zur Weißglut bringen oder gar hinausekeln wollen, langweilen Sie ihn mit Routinearbeiten oder bürokratischem Papierkram.

Was der Drache braucht, ist eine ihm angemessene Aufgabe. Er muss Pionierleistungen erbringen und als Erster den Mount Everest besteigen. Da ihm hier leider schon jemand zuvorgekommen ist und auch Kolumbus schon vor ihm in Amerika war, ist seine berufliche Laufbahn häufig recht kurvenreich. Der Drache muss experimentieren und oft mehrere Berufe ausüben.

Berühmte Drache-Persönlichkeiten
Salvador Dalí, Kirk Douglas, Faye Dunaway, Jean Gabin, John Lennon, Jeanne Moreau, Anthony Quinn, Gregory Peck, Ringo Starr.

Schlange

Yang; festes Element: Feuer
Chinesischer Name: Schi

Jahreszahlentabelle Schlange

4.2.1905 – 25.1.1906
23.1.1917 – 11.2.1918
10.2.1929 – 30.1.1930
27.1.1941 – 15.2.1942
14.2.1953 – 3.2.1954
21.2.1965 – 21.1.1966
18.2.1977 – 6.2.1978
6.2.1989 – 26.1.1990
24.1.2001 – 11.2.2002
10.2.2013 – 30.1.2014

Die Schlange-Persönlichkeit
In China gilt die Schlange als die Verkörperung der Weisheit. Und auch andere Vorurteile, die wir im Allgemeinen gegenüber ihren Vertretern aus

dem Tierreich haben, müssen wir korrigieren. Schlangen verfügen über magische Kräfte und übersinnliche Fähigkeiten. Mit ihrer ausgeprägten Intuition sind sie für andere Menschen daher oft rätselhaft und geheimnisvoll.
Schlange-Geborene sind ein Vorbild an Eleganz und Ästhetik.
Schlangen verstehen es, sich gut und teuer zu kleiden, und auch sonst ist alles, was sie besitzen, nur vom Feinsten. Wenn Sie einer Schlange eine Freude machen wollen, gehen Sie mit ihr in den besten Juwelierladen am Platz.

Der Schlange-Geborene verliert nicht einmal angesichts der größten Katastrophe die Nerven. Wie ein Fels in der Brandung bleibt er stets geistesgegenwärtig und meistert die Lage mit Bravour.

Die Schlange und ihr Gefühlsleben
Die Schlange erwartet bedingungslose Treue. In der Liebe kennt sie kaum Kompromisse. Wenn sie ein Opfer auserkoren hat, hypnotisiert sie es, was ihr mühelos gelingt. Danach verschlingt sie es mit Haut und Haaren. Wenn Sie nicht bereit sind, sich ganz und gar in Besitz nehmen zu lassen, sollten Sie versuchen, den Verführungskünsten einer Schlange nicht zu erliegen. Was für andere gilt, muss aber noch lange nicht für die Schlange gelten. Sie selbst nimmt es mit der Treue nicht allzu genau, und in Besitz nehmen lässt sie sich auch nicht so gerne. Sie hat ihre eigenen Vorstellungen von Treue.

Wenn Sie eine Schlange zum Partner haben, wird es Ihnen nicht an interessantem Gesprächsstoff mangeln. Schlangen sind ausgesprochen gute Unterhalter. Sie führen gerne tief schürfende, philosophische Gespräche.

Wenn eine Schlange glücklich und zufrieden ist, ist sie ein sehr umgänglicher Gefährte. Sie kann überaus verständnisvoll und tolerant sein.

Der Weg zum Erfolg im Zeichen Schlange
Schlangen haben kein besonderes Bedürfnis nach Erfolg. Was sie wollen, lässt sich auf einen einfachen Nenner bringen. Sie wollen so leben können, wie es ihnen gefällt. Dies heißt im Klartext: Eine Schlange möchte ein ruhiges und komfortables Leben führen und morgens nicht aus dem warmen Bett kriechen müssen.

Wenn sie nicht bereits als Millionär geboren wurden und daher zur Arbeit gezwungen sind – die ihnen gar nicht liegt – entwickeln daher auch Schlangen eine gesunde Portion Ehrgeiz und Zielstrebigkeit.

Sie besitzen genau die richtige Mischung von Charme, Kaltblütigkeit, Intelligenz, Einfühlungsvermögen und gutem Riecher, um ihre Chance wahrzunehmen, wenn sie gekommen ist und mit einem gezielten Biss zuzuschlagen.

Berühmte Schlange-Persönlichkeiten
Julie Christie, Bob Dylan, Aretha Franklin, Indira und Mahatma Gandhi, Greta Garbo, John F. Kennedy, König Ludwig II. von Bayern, Robert Mitchum, Pablo Picasso, Edgar Allan Poe, Jean Paul Sartre.

Pferd

Yang; festes Element: Feuer
Chinesischer Name: Ma

Jahreszahlentabelle Pferd

25.1.1906 – 13.2.1907
11.2.1918 – 1.2.1919
30.1.1930 – 17.2.1931
15.2.1942 – 5.2.1943
3.2.1954 – 25.1.1955
21.1.1966 – 9.2.1967
7.2.1978 – 27.1.1979
27.1.1990 – 14.2.1991
12.2.2002 – 31.1.2003
31.1.2014 – 18.2.2015

Die Pferd-Persönlichkeit

Kaum ein anderes Tierkreiszeichen ist so freiheitsliebend wie das Pferd. Es braucht viel Auslauf, und zwar sowohl geistig als auch gefühlsmäßig. Was den Pferden fehlt, ist Ausdauer und Stabilität. Dafür sind sie aber umso flexibler und wendiger. Sie können in jeder Situation sofort reagieren.

Was den Pferd-Geborenen Schwierigkeiten macht, sind ihre häufigen Stimmungsschwankungen. Sie leiden unter ihren Launen. Da sie von einem Extrem ins andere verfallen, ist ihr Gemütszustand nur selten ausgeglichen.

Es heißt, dass Pferde ziemlich egozentrisch seien. Das stimmt auch insofern, als sie gerne im

Mittelpunkt stehen und sich oft wie ein Kind im Trotzalter benehmen. Dabei sind sie nicht wirklich egoistisch. Sie wollen nur um jeden Preis das Gefühl haben, vollkommen frei zu sein, und das bedeutet eben, dass alles nach ihrer Pfeife tanzt. Außenstehende empfinden das Pferd daher als ziemlich rücksichtslos.

Doch wie jeder Mensch, hat auch der Pferd-Geborene seine Schokoladenseite. Er ist offen und macht keine langen Umschweife, sodass man immer weiß, woran man bei ihm ist. Darüber hinaus ist er sehr gesellig und ein ergebener Freund, mit dem man im wahrsten Sinne des Wortes „Pferde stehlen kann".

Das Pferd und sein Gefühlsleben

Pferde sind sehr impulsiv und stürzen sich Hals über Kopf in jedes Abenteuer, das ihnen bei ihren weiten Ausritten in die Quere kommt. Sie fangen schnell Feuer, das aber oft nicht sehr lange brennt, weil sie keine Zeit haben, neues Holz aufzulegen. So schnell, wie sie auf Touren gekommen sind, verlieren sie auch wieder das Interesse.

Bei Pferden existiert die „Liebe auf den ersten Blick" nicht nur in der Phantasie. Sie praktizieren sie ihr ganzes Leben lang, und zwar des Öfteren! Ein Pferd dürfen Sie unter keinen Umständen einsperren, wenn Sie verhindern wollen, dass es nach allen Seiten wild ausschlägt. Vielmehr müssen Sie viel Mut aufbringen, um bei seinen waghalsigen Ritten mithalten zu können. Und mithalten müssen Sie, denn ein Pferd möchte nicht alleine gelassen werden, wenn es verliebt ist.

Wenn Sie ihm eine große Freude machen können, schenken Sie ihm etwas, mit dem es noch schneller von einem Abenteuer zum nächsten galoppieren kann.

Der Weg zum Erfolg im Zeichen Pferd
Sie werden auf der ganzen Welt keinen einzigen Bürohengst finden. Wer diesen Begriff geprägt hat, hat auf jeden Fall überhaupt keine Ahnung von Pferden!

Das Pferd stürzt sich mit Begeisterung in neue Projekte. Aber es hat wenig Ausdauer. Wenn sich die Sache zu lange hinzieht, wird sie ihm schnell langweilig. Am liebsten sind Pferde immer unterwegs. Viele Reisen tragen sehr zu seiner Zufriedenheit bei. Wenn möglich, sollte es bei seiner Arbeit auch nicht ständig sitzen müssen. Auch Pferde können ehrgeizig sein, und zwar dann, wenn sie von einer Idee begeistert sind. Dann setzen sie alles daran, ihr Vorhaben auch in die Tat umzusetzen. Zur Erreichung eines Ziels ist ihnen dann kein Weg zu weit.

Berühmte Pferd-Persönlichkeiten
Sean Connery, Frédéric Chopin, Paul McCartney, Rita Hayworth, Jimi Hendrix, Barbra Streisand, Helmut Schmidt, Paul Simon, Armin Müller-Stahl, John Travolta.

Ziege

Yang; Festes Element: Feuer
Chinesischer Name: Yang

Jahreszahlentabelle Ziege

13.2.1907	–	2.2.1908
1.2.1919	–	20.2.1920
17.2.1931	–	6.2.1932
5.2.1943	–	25.1.1944
24.1.1955	–	12.2.1956
9.2.1967	–	29.1.1968
28.1.1979	–	15.2.1980
15.2.1991	–	3.2.1992
1.2.2003	–	21.1.2004
19.2.2015	–	7.2.2016

Die Ziege-Persönlichkeit
Die Ziege ist ein Träumer, der sehr viel Sinn für die schönen und angenehmen Dinge besitzt.
Ziegen leben lieber in einem Traumland als in der nüchternen Alltagswelt. Deshalb überlassen sie die täglichen Pflichten am liebsten anderen, denn es ist nicht so, dass sie von ihren Träumen auch satt werden. Darin liegt die Widersprüchlichkeit der Ziege. Sie verabscheut den grauen Alltag, ist aber auch kein weltfremder Asket.

Was die Ziege unbedingt braucht, ist ein Partner, der für sie sorgt und sie unterstützt. Dafür ist sie auch bereit, sich ihm weitgehend anzupassen. Er muss für den Lebensunterhalt sorgen, damit sie ihre Kreativität entfalten kann. Die Ziege dankt es ihm, indem sie ihn mit ihren phantasievollen Ideen unterhält.

Die Ziege-Geborenen sind verträgliche Menschen, die Streit und Aggression verabscheuen. Ziegen haben keinerlei Zeitgefühl. In den Dimensionen, in denen sie sich meistens aufhalten, gilt auch der allgemein gebräuchliche Kalender nicht. Sollten Sie mit einer Ziege einen festen Termin verabreden, halten Sie besser immer eine Alternative bereit.

Sonst kann es ihnen passieren, dass Sie Ihre wertvolle Zeit damit verschwenden, vergeblich auf die Ziege zu warten. Ihr Lebensrhythmus unterscheidet sich vollkommen von dem eines „normalen“ Sterblichen.

Die Ziege und ihr Gefühlsleben

Ziegen sind Gefühlsmenschen, denen jegliche Logik fehlt. Sie urteilen nach Gefühl, sie handeln nach Gefühl und sie leben nach Gefühl. Ziegen sind treu, solange sie liebevoll gehegt und gepflegt werden. Aber in einer nüchternen Atmosphäre welken sie dahin und machen sich auf, um sich nach neuen Gefilden umzusehen. Dabei kommt ihnen ihre angeborene Neugier sehr zu Gute.

Wenn Sie sich eine Ziege ins Haus holen wollen, müssen Sie bereit sein, ihr alle Geldsorgen abzunehmen. Wenn Sie das tun, kann man Ihnen nur gratulieren! Die Ziege wird Farbe in Ihren grauen Alltag zaubern, dass Sie nur so staunen. Wenn sie versorgt ist, kommen ihre Talente nämlich voll zur Entfaltung.

Der Weg zum Erfolg im Zeichen Ziege

Im Falle einer Ziege muss man nur ein wenig kombinieren, um zu erraten, dass wir es hier nicht unbedingt mit einem Arbeitstier zu tun haben.

Ziegen sind nicht ehrgeizig, was den grauen Alltag anbelangt. Dieses Feld räumen sie lieber sofort und überlassen es denen, die sich hier erproben wollen. Die Ziege hat daran absolut kein Interesse.

Aber jetzt kommt das „große Aber". Wenn Sie das Talent einer Ziege entdecken und gerne die Rolle ihres Managers übernehmen und das „Mädchen für alles" spielen, dann entpuppt sie sich als einer der schillerndsten Schmetterlinge auf der ganzen Welt!

Berühmte Ziege-Persönlichkeiten
Isabelle Adjani, Simone de Beauvoir, Boris Becker, James Dean, Cathérine Deneuve, Annie Girardot, Janis Joplin, Laurence Olivier, Walter Scheel, Brooke Shields, John Wayne.

Affe

Yin; festes Element: Metall
Chinesischer Name: Hou

Jahreszahlentabelle Affe

2.2.1908 – 22.1.1909
20.2.1920 – 8.2.1921
6.2.1932 – 26.1.1933
25.1.1944 – 13.2.1945
12.2.1956 – 31.1.1957
29.1.1968 – 16.2.1969
16.2.1980 – 4.2.1981
4.2.1992 – 22.1.1993

22.1,2004 – 8.2.2005
8.2.2016 – 27.1.2017

Die Affe-Persönlichkeit

Affen sind die geborenen Komiker. Ihr größtes Vergnügen besteht darin, ihre Intelligenz dazu zu benutzen, anderen Menschen ein Schnippchen zu schlagen oder sie hinters Licht zu führen. Ein Affe kann sich zwar hochmütig geben, um Sie an der Nase herumzuführen – aber auch das ist wieder nur einer seiner kleinen Tricks! Nein, der Affe will sich einfach amüsieren, und das geht eben manchmal nur auf Kosten anderer.

Zu der vielseitigen Begabung des Affen gehört auch, dass ihm niemand lange böse sein kann, selbst wenn der Affe ihm kurz zuvor das Fell über die Ohren gezogen hat. Affen sind allseits beliebt. Da sie sehr gesellig sind, ist das natürlich sehr zu ihrem Vorteil. Affen sind treue Freunde, freundliche Nachbarn und sympathische Kollegen.

Darüber hinaus besitzt er Weitblick, weshalb er die Folgen seiner Handlungen gut abschätzen kann. Einem Affen das Wasser zu reichen ist nicht gerade leicht.

Der Affe und sein Gefühlsleben

Affen verlieben sich gerne und schnell, aber selbst die größte Liebe macht sie nicht blind. Sie bewahren immer einen kühlen Kopf und entdecken so schneller als andere die Fehler des Partners oder die Schwächen der Beziehung. Das macht es ihnen nicht gerade leicht, ein dauerhaftes Glück zu finden.

Wenn Sie ihn gerne öfter bei sich zu Hause haben wollen, schaffen Sie sich eine große Kinderschar an. Affen bleiben ihr ganzes Leben lang Kinder, weshalb sie am glücklichsten sind, wenn man sie mit Gleichgesinnten Streiche aushecken lässt!

Der Weg zum Erfolg im Zeichen Affe
Affen sind einfallsreich und gewitzt. Sie finden sehr schnell heraus, wo der wunde Punkt ihres Gegners ist oder wie man ihn mit seinen eigenen Waffen schlägt.

Wo so mancher andere Schwierigkeiten hat, was er mit seiner Zeit anfangen soll, ist der Affe ein wahres Genie. Affen können mindestens zehn Sachen gleichzeitig machen.

Affen brauchen viel Abwechslung. Aber da sie so unübertroffen einfallsreich sind, fällt ihnen immer wieder etwas Neues ein, um den grauen Alltag zu beleben. Wenn sich Routine einzuschleichen droht, stellen sie kurz den ganzen Laden auf den Kopf – und schon ist wieder etwas los.

Berühmte Affe-Persönlichkeiten
Jaqueline Bisset, Jill Clayburgh, Joan Crawford, Bette Davis, Federico Fellini, Mick Jagger, Herbert von Karajan, Reinhold Messner, Rod Stewart, Liz Taylor.

Hahn

Yang; festes Element: Metall
Chinesischer Name: Yi

Jahreszahlentabelle Hahn

22.1.1909 – 10.2.1910
8.2.1921 – 28.1.1922
26.1.1933 – 14.2.1934
13.2.1945 – 2.2.1946
31.1.1957 – 16.2.1958
17.2.1969 – 5.2.1970
5.2.1981 – 24.1.1982
23.1.1993 – 9.2.1994
9.2.2005 – 28.1.2006
28.1.2017 – 15.2.2018

Die Hahn-Persönlichkeit

Wenn der Hahn mit seinem prächtigen Gefieder hocherhobenen Hauptes durch die Menge stolziert, zieht er alle Blicke auf sich. Er liebt es, im Mittelpunkt zu stehen, und auch privat will er immer der „Hahn im Korb" sein. Aber das ist nur die eine Seite der Medaille. Hähne sind zudem aufrichtig und ehrlich.

Wer im Zeichen des Hahns geboren ist, hat eine glückliche Hand im Umgang mit Geld. Wenn Sie zu den Unglücklichen gehören, bei denen sich der Gerichtsvollzieher schon ganz wie zu Hause fühlt, holen Sie sich einen Hahn zu Hilfe. Er wird die Sache wieder in Ordnung bringen, aber nicht nur das: Sie bekommen noch eine Strafpredigt gratis dazu!

Der Hahn und sein Gefühlsleben

Hähne brauchen die Bewunderung wie die Luft zum Atmen. Darüber hinaus sind sie aber auch sehr verantwortungsbewusst. Sie kennen ihre partnerschaftlichen Pflichten und füllen sie gewissenhaft aus.

Mit der Treue nehmen sie es nicht so genau. Oft reicht die Bewunderung eines Einzelnen nicht aus, um sie zufrieden zu stellen. So mancher Gockel hält sich daher einen Harem in Reserve.

Dennoch sind Hähne umgekehrt sehr eifersüchtig. Jeden Rivalen schlagen sie in die Flucht. Hähne sind sehr gesprächig und reden viel und gern.

Wenn Sie sich einen Hahn ins Haus holen wollen, sparen Sie nicht mit Komplimenten. Wenn Sie bereits einen Hahn im Haus haben, machen Sie ihm ab und zu eine kleine Szene. Das schmeichelt ihm.

Der Weg zum Erfolg im Zeichen Hahn
Wenn ein Hahn nicht im Rampenlicht stehen und sein Talent im Show-Business entfalten kann, verdient er sich in allen Berufen seine Lorbeeren, in denen er sich als Finanzgenie betätigen kann.

Hähne sind gewissenhaft und vernünftig. Von riskanten Unternehmungen lassen sie von vornherein die Finger, denn dazu fehlt ihnen der nötige Optimismus und die Phantasie. Sie schlagen lieber den sicheren Weg zum Erfolg ein und kommen mit Ausdauer und Methode an die Spitze.

Hähne liefern immer Präzisionsarbeit. Sie erledigen ihre Pflichten mit peinlicher Genauigkeit und Sorgfalt.

Berühmte Hahn-Persönlichkeiten
Jean Paul Belmondo, Prinzessin Caroline von Monaco, Joan Collins, Katherine Hepburn, Elton John, Simone Signoret, Peter Townsend, Peter Ustinov.

Hund

Yin; festes Element: Metall
Chinesischer Name: Gou

Jahreszahlentabelle Hund

10.2.1910 –	30.1.1911
28.1.1922 –	16.2.1923
14.2.1934 –	4.2.1935
2.2.1946 –	22.1.1947
16.2.1958 –	8.2.1959
6.2.1970 –	26.1.1971
25.1.1982 –	12.2.1983
10.2.1994 –	30.1.1995
29.1.2006 –	17.2.2007
16.2.2018 –	4.2.2019

Die Hund-Persönlichkleit
So beliebt Hunde bei ihren Mitmenschen auch sein mögen, sind sie doch selten zufrieden, weil sie ihren angeborenen Hang zum Pessimismus niemals ganz in den Griff bekommen.

Hunde leiden sehr unter ihrer Unruhe. Deshalb brauchen sie viel Sicherheit und Geborgenheit. Hunde verfügen über eine fast unfehlbare Menschenkenntnis, daher kann man ihnen nicht viel vormachen. Wenn der Hund sie aber einmal als seinen Freund auserkoren hat, weicht er Ihnen nicht mehr von der Seite, und Sie werden jeden Tag wieder dankbar sein, dass Sie behaupten können, einen wahren Freund fürs Leben gefunden zu haben.

Der tiefgründige Hund ist nicht nur ein Menschenfreund, vielmehr übernimmt er auch mit Vorliebe eine humanitäre Aufgabe. Darin kann er vollkommen aufgehen und sogar seine eigenen Sorgen vergessen!

Der Hund und sein Gefühlsleben

Der Hund unterscheidet im Umgang mit Menschen nur zwischen Freund und Feind. Er wittert sofort, wer einen guten und wer einen schlechten Charakter hat, und daran orientiert er sich auch. Obwohl er nach außen hin tolerant ist, wird er sich mit niemandem näher einlassen, der seiner feinen Nase nicht so ganz gefällt. Wenn er enttäuscht wird, vergisst er das ein Leben lang nicht. Hunde besitzen nämlich ein ausgezeichnetes Gedächtnis und darüber hinaus sind sie sehr empfindlich und verletzbar.

Ein Hund ist warmherzig und liebevoll. Er gibt es Ihnen unmissverständlich und ohne große Umschweife zu verstehen. Der Hund ist die Treue in Person.

Der Weg zum Erfolg im Zeichen Hund

Wie Sie sehen werden, gibt es sehr viele prominente Hunde und das, obwohl der Hund sehr selbstlos ist. Selbst wenn er eine Führungsposition einnimmt, verhält er sich immer human, fair und großzügig. Vielleicht ist das sein Trumpf im Ärmel, der ihn so erfolgreich macht.

Hunde müssen an eine Sache glauben, dann machen sie sie zu ihrer Lebensaufgabe. Wenn Hunde diese gefunden haben, beweisen sie, zu welchen Opfern sie fähig sind und welch ein heldenmütiges und großes Herz sie besitzen.

Der Hund-Geborene kämpft für die Gerechtigkeit. Wenn man ihn selbst oder jemanden, der ihm sympathisch ist, betrügt oder mit unfairen Mitteln übers Ohr haut, wird er wild.

Berühmte Hund-Persönlichkeiten
Brigitte Bardot, David Bowie, Charles Bronson, Rainer W. Fassbinder, Ava Gardner, Judy Garland, Michael Jackson, Sophia Loren, Shirley MacLaine, Inge Meysel, Liza Minelli, Donald Sutherland, Sylvester Stallone, Mutter Teresa.

Schwein

Yin; festes Element: Wasser
Chinesischer Name: Ju

Jahreszahlentabelle Schwein

30.1.1911 – 18.2.1912
16.2.1923 – 5.2.1924
4.2.1935 – 24.1.1936
22.1.1947 – 10.2.1948
8.2.1959 – 28.1.1960

27.1.1971 – 14.2.1972
13.2.1983 – 1.2.1984
31.1.1995 – 18.2.1996
18.2.2007 – 6.2.2008
5.2.2019 – 24.1.2020

Die Schwein-Persönlichkeit
Das Schwein gilt als das ehrlichste und gewissenhafteste Zeichen in der chinesischen Astrologie. Man könnte es geradezu als „Wahrheitsfanatiker“ bezeichnen. Da es darüber hinaus noch sehr gutmütig ist und nur an das Gute im Menschen glaubt, lässt es sich manchmal ganz schön an der Nase herumführen.

Schweine sind, ganz anders als der Ruf, der ihnen im Tierreich vorauseilt, Luxusgeschöpfe. Sie genießen das Leben mit all seinen sinnlichen Genüssen, in denen sie so richtig schwelgen können.
Da sie sehr gesellig und großzügig sind, lassen sie andere gerne daran teilhaben. Obwohl man Schweine oft ein wenig antreiben muss, können sie sehr aktiv werden. Das Schwein ist immer die gute Seele, die sich stets eifrig bemüht, alles zur vollsten Zufriedenheit zu erledigen und sich allseits nützlich zu machen.

Wenn es ums Geld geht, sind Schweine viel zu weichherzig. Es lässt sich von so manchem Schmarotzer ausnehmen wie eine Weihnachtsgans, wenn es nicht auf der Hut ist.

Das Schwein und sein Gefühlsleben
Schweine sind sinnlich und leidenschaftlich, und sie lieben das Leben.

Daher setzen sie ihre Träume immer in die Realität um. Voller Lebensfreude genießt ein Schwein alles, was ihm die Liebe zu bieten hat – und das ist eine ganze Menge.

Das Schwein ist von einer ganzen Schar von Bewunderern umgeben und tut sich oft schwer damit, aus ihnen den einen auszuwählen, mit dem es die Überfülle seines Lebens teilen möchte.

Wenn es ihn oder sie aber gefunden hat, ist es treu und absolut ehrlich. Dieselbe Zuverlässigkeit und Aufrichtigkeit erwartet es auch von seinem Partner.

Ein Schwein ist sehr sensibel und anhänglich. Ab und zu liebt es aber auch das Alleinsein und erwartet, dass man ihm für eine Weile seine Ruhe lässt.

Wenn Sie sich ein Schwein angeln wollen, sollten Sie immer eine kleine Aufmerksamkeit mitbringen. Ebenso ratsam ist es, seinen Geburtstag nicht zu vergessen, denn es ist zutiefst gerührt, wenn Sie daran denken. Und was bei einem Schwein immer wirkt: Laden Sie es in ein erstklassiges Restaurant zu einem erlesenen Diner mit mindestens fünf Gängen ein!

Der Weg zum Erfolg im Zeichen Schwein
Schweine interessieren sich nicht so sehr für den Erfolg, aber dafür umso mehr für den Wohlstand. Das Schwein ist kein Speichellecker, das verstößt gegen seine Würde. Es geht auch nicht über Leichen, dafür ist es viel zu loyal und human. Es

schuftet auch nicht für zwei, dafür liegt es zu gerne faul am Swimming-Pool. Wie also kommt unser Schwein zu Ruhm und Ehren?

Nun, man muss ihm manchmal einen recht unsanften Schubs geben, damit es sich auf die Hinterbeine stellt. Für andere hat es oft den Anschein, als müsse ein Schwein nur den kleinen Finger rühren, um die Quellen zum Sprudeln zu bringen. Wo andere die Karriereleiter hinaufhetzen, bleibt unser Schwein gelassen und erntet doch in Hülle und Fülle.

Berühmte Schwein-Persönlichkeiten
Woody Allen, Fred Astaire, Humphrey Bogart, Maria Callas, Jacques Cousteau, Alain Delon, Alfred Hitchcock, Vicco von Bülow (Loriot), Rainier von Monaco, Albert Schweitzer.